博物苑
BOWUYUAN

南通博物苑苑刊
总第 19 辑
2011 年第 2 期
2011 年 12 月 28 日

主　　编：王栋云
执行主编：陈卫平
副 主 编：金　艳
　　　　　徐　宁
美术编辑：张炽康

发展生态（社区）博物馆　保护民族文化遗产

单霁翔

随着经济全球化趋势和现代化进程的加快，面对城市化进程和工业化发展的冲击，我国的文化生态正在发生巨大变化，文化遗产及其生存环境受到严重威胁。生态（社区）博物馆作为一种全新的文化遗产保护和博物馆发展理念，日益为我国文化遗产保护和博物馆领域所广泛认知和应用。积极推动生态（社区）博物馆的发展，对于调动全社会保护文化遗产的积极性，推动文化遗产的有效保护和传承发展，建设中华民族共有精神家园，增强民族自信心和凝聚力，延续中华文脉，促进文化与经济社会全面协调和可持续发展，具有十分重要的现实意义。

经过多年实践，生态（社区）博物馆的发展不断加快，需要我们对相关实践予以进一步总结，在理论上进一步丰富完善，促进生态（社区）博物馆的发展更加科学、规范。

一、关于生态（社区）博物馆的认识

（一）生态（社区）博物馆概念的基本内涵

一般认为，生态（社区）博物馆是一种通过村落、街区建筑格局、整体风貌、生产生活等传统文化和生态环境的综合保护和展示，整体再现人类文明的发展轨迹，并由当地居民亲自参与保护和管理的新型博物馆。从地域上说，生态博物馆着重关注乡村文化遗产的保护，社区博物馆致力于城市街区文化遗产保护。

生态（社区）博物馆主要具有以下鲜明的特征：1. 强调整体保护，即对自然环境、人文环境、有形遗产、无形遗产的整体保护与展示；2. 强调原地保护，即相关展示不脱离原生地，并需要当地社区、居民的普遍参与；3. 强调动态保护，即在发展中保护，注重社会文化、环境的和谐与发展。

纵观国内外生态（社区）博物馆的实践，可以认为生态（社区）博物馆是传统博物馆范围与界限在特定条件下的扩展。生态（社区）博物馆诞生于对传统博物馆的反思，其中贯穿着对于博物馆功能与职能的重新定位。这种创新思维力图冲出馆舍天地，突破文物藏品的狭义概念，并且使文化拥有者自己成为文化的主人。

通过对传统博物馆与生态（社区）博物馆的比较研究，可以发现两者之间在办馆理念与运营方式等方面存在明显差异，突出反映在生态（社区）博物馆"整体保护"、"原地保护"、"活态保护"、"自我保护"、"开放性保护"、"发展中保护"和"可持续保护"等方面的独特理念。

众所周知，传统的博物馆通常是将文化遗产搬到某一个博物馆建筑里，这些遗产往往因此远离了它们的所有者和原生环境。而生态（社区）博物馆则是将文化遗产原状地保护和保存在其所属社区和环境之中，从这种意义上讲，村落、街区等社区的区域等同于博物馆的范围。

在生态（社区）博物馆里，村落、街区的文化遗产、自然景观、建筑、可移动实物、风俗习惯等一系列文化因素均具有其特定的价值和意义。与此同时，当地的人民亲自参与和亲自管理生态（社区）博物馆，保护自己的遗产并利用这些遗产来创造未来。

（二）生态（社区）博物馆的价值和作用

1. 生态（社区）博物馆的工作领域和目标，是将文化遗产的点、线、面及环境空间有机结合，将文物与非物质文化遗产有机结合，开拓了文化遗产保护的新境界，从而使广义文化遗产保护成为可能。

2. 生态(社区)博物馆强调以人为本,立足于对社区文化的尊重,立足于激发社区居民的文化自觉性,从而使公众自觉、自主保护文化遗产和主导博物馆建设、发展,使广义博物馆发展成为可能。

二、生态(社区)博物馆的中国实践

(一)我国生态(社区)博物馆发展现状

生态博物馆思想在中国的传播开始于1986年,当时《中国博物馆》等学术刊物上开始介绍国外生态博物馆的思想和实践经验,并发表了中国学者对生态博物馆的讨论文章。具体实践则肇始于1995年在贵州启动的生态博物馆建设项目,并逐步为西部地区文化遗产保护和博物馆发展开辟了一条崭新的道路。

1997年10月23日,《挪威合作开发署与中国博物馆学会关于中国贵州省梭嘎生态博物馆的协议》签署,国家主席江泽民和挪威国王哈拉尔五世出席了签字仪式。在中挪共同努力下,1998年在六枝特区梭嘎苗族地区建成中国第一座生态博物馆。作为该项目的延续,又相继建成了镇山、隆里、堂安等生态博物馆。2005年,中挪合作项目结束,为了总结得失,举办了专门的国际学术研讨会,通过了生态博物馆建设的"六枝原则"。

受贵州生态博物馆的启发和影响,广西壮族自治区在1999年提出建设民族生态博物馆的工作思路。文化厅统一部署规划,采取与各地方政府合作的方式,2004年建成了南丹里湖怀里瑶族、三江侗族和靖西旧州壮族三个生态博物馆试点项目。2005年明确提出广西民族生态博物馆"1+10"建设模式,"十一五"期间以广西民族博物馆为龙头带动10个生态博物馆的建设。地方政府高度重视和支持龙脊生态博物馆建设,编制了《广西龙胜龙脊壮族生态博物馆项目建设规划详细方案》,并将其纳入《龙脊风景名胜区总体规划》《龙胜各族自治县龙脊古壮寨梯田景区保护与旅游开发详细规划》和自治区特色性名镇名村重点建设项目。

2006年1月,勐海县西定乡章朗村布朗族生态博物馆建成开放,从此使用生态博物馆名称的保护民族文化的机构在云南落户。实际上,作为民族文化大省,云南从1998年就提出建设民族文化生态村的重要战略。虽然没有使用生态博物馆的名称,但其性质就是生态博物馆。经过近十年的建设实践,已经陆续建成一批省级民族文化生态村。云南大学主持建设的民族文化生态村有六家。

2001年内蒙古自治区达茂旗启动敖伦苏木生态博物馆建设,2004年建成,是内蒙古的第一座生态博物馆。

近年来,随着我国工业化、城镇化、城市现代化进程的逐步加快,在居民生活水平提升、经济实力增强、文化精神需求旺盛的条件下,东中部地区一些文化遗产资源丰厚的地方,也纷纷提出了发展生态(社区)博物馆的计划,探索开创我国生态(社区)博物馆的新途径。

东中部地区作为我国主要的人口密集地区,历史悠久、文化资源极为丰厚。在已公布的第一至五批347处国家级历史文化名村(镇)中有250处位于东中部省份,占总数的72%,第一至第三批30处中国历史文化名街中有26处位于东中部地区,占总数的86.7%,为发展生态(社区)博物馆提供了良好的基础条件和巨大的空间。

目前,东中部地区已经或基本建成或完成规划的生态(社区)博物馆有:浙江安吉生态博物馆、温州瓯海泽雅传统造纸生态博物馆、舟山海洋渔业生态博物馆,安徽屯溪老街社区博物馆,福建福州三坊七巷社区博物馆,北京东花市社区博物馆、北京空竹博物馆(广内社区博物馆),湖北武汉市黎黄陂路、友益街街头博物馆等。

此外,东中部地区的一些传统博物馆也日益具有生态(社区)博物馆的特色。如位于北京市丰台区宛平城内的卢沟桥历史博物馆,位于天津市和平区五大道(中国历史文化名街)内的五大道历史博物馆,位于辽宁省新宾县永陵镇(国家级历史文化名镇)的新宾满族民俗博物馆,位于湖北省宜都市潘家湾土家族乡的潘湾土家族民俗文化博物馆,位于湖南省永州市江永县夏层铺镇上甘棠村(国家级历史文化名村、湖南省"文物大保护、大利用"示范点)的上甘棠村博物馆(湖南省首家村级博物馆),位于广东省中山市小榄镇的小榄民俗博物馆等,都坐落于历史文化名村(镇、街区)或具有鲜明民族文化特色的民族村(镇、街区)中,集中展示所在村(镇、街区)的历史文化与民俗风情,实现了综合保护和展示村落（街区）文化的生态（社区）博物馆基本目的，具有生态（社区）博物馆的鲜明特点。如果能够在当地政府的支持下，以现有博物馆为基础，将博物馆与周边的文化遗产地或文化生态特色景区进行串联，统一规划，积极吸引当地村（居）民参与建设，即可以成为既符合专业标准，又不失文化特色的优秀的生态（社区）博物馆。

（二）发展生态（社区）博物馆的重要意义

经过十余年的发展，我国的生态（社区）博物馆实践初见成效，从西部逐渐扩展至东中部地区，从专注于少数民族文化遗产扩展至关注整个中华民族文化遗产，为文化遗产保护和博物馆发展开辟了一条崭新的道路。具体来说，生态（社区）博物馆的效益和影响主要有以下几个方面：

1. 延续文化景观，保存珍贵文化记忆

我国生态（社区）博物馆的探索，遵循国际公认的文化遗产和自然遗产原地保护的理念，坚持采取真实性、整体性、原生态保护的原则，即不是将物化的文化载体搬到传统的博物馆里面，而是将其完整地保留在文化的原生地。保护的内容不仅包括当地文化古迹、民居建筑、文物文献、民族民俗、传统技艺、乡土知识等，还包括这些文化遗产赖以孕育和发展的周围自然环境，从而妥善地处理了民族传统文化的传承与发展中"鱼儿离不开水"关系的问题，使民族文化深深地根植于肥沃的生活土壤之中而得以生机勃勃地发展与延续。

例如福州三坊七巷社区博物馆结合三坊七巷街区的维修和保护，立足于三坊七巷文化内涵和地域文化特色，以众多的文物古迹、名人故居和民居街巷为载体，全面展示社区博物馆文化，2010年11月《三坊七巷社区博物馆规划》通过专家论证，确定三坊七巷社区博物馆先期做好一个核心展示馆、一个先期重点实施区域以及六条游线、若干处文化空间的工作，并在实践中不断地探索，最终形成以"地域＋传统＋记忆＋居民"保护与展示的"一个核心展馆、各种类型的博物馆、展示馆"模式的社区博物馆架构雏形，全面展现传统建造工艺的建筑博物馆、忠实反映社区发展历史的地志博物馆、传承社区非物质文化的生态博物馆。深圳（保安）劳务工博物馆是全国第一家展示劳务工历史的博物馆，先见性地保护和征集了劳务工文化史料、史物，劳务工群体各类工作及生活见证

物，全方位、多角度反映劳务工生存状况及贡献，承担并组织劳务工课题研究，对劳务工现象及其社会问题进行深入细致的分析，有着重要的历史意义和现实意义。

2. 促进社会合作，提升民众文化自觉

生态（社区）博物馆是一种新型博物馆，特别强调发挥当地居民的主观能动性，积极投身和参与文化遗产保护和博物馆的发展。这与我国确立的以政府投入为主，动员全社会积极参与的文化遗产保护新体制的目标是一致的。我国生态（社区）博物馆的实践，一方面，政府加强统筹规划，加强基础设施建设，博物馆学、民族学、经济学、旅游学等领域的专家学者深入调查、研究和挖掘民族民俗文化，提供专业指导，另一方面，通过宣传普及，确立和增强了当地居民对自身文化的自觉和文化认同感、文化自豪感，文化遗产保护意识和责任感油然而生，投身和参与文化遗产保护和生态博物馆建设逐步成为自觉行为。

例如安吉生态博物馆由安吉县人民政府牵头建设，县长亲自担任安吉生态博物馆建设管理委员会主任，以"1个中心馆、12个专题馆、多个展示馆"为结构框架，充分动员各方力量，将整个县域范围内最具特色的人文、生态资源纳入保护展示的范围。贵州梭嘎生态博物馆成立了包括社区12个民族村寨的寨老在内的社区管理委员会，负责生态博物馆的日常运作和管理，并协助开展民族村寨的原状保护，协助管理民族村寨内的有关演出活动。广西以广西民族博物馆为龙头带动10个生态博物馆的建设，则形成了民族博物馆的科研力量和社区民众之间的互动互益体制。

3. 注重综合效益，促进区域和谐发展

我国生态（社区）博物馆在发展思路上，确立了"既要保护文化遗产，又要促进经济社会发展"的指导思想，保护与利用并重，将文化遗产保护与改善经济社会发展状况有机统一起来，较好地解决文化遗产保护与人民群众生产生活的关系问题。生态（社区）博物馆通过政府投入和多渠道筹资等办法，不仅使文化遗产在生态博物馆理念的指导下得以有效保护，还推动了当地交通等基础设施建设，村容街貌、卫生状况和生活条件有较大的改善，并搭建了一个当地与外界沟通交流的桥梁，促进了以传统文化生态为核心资源的旅游发

展,有利于改善地方经济结构,改善居民生活,促进经济社会和谐发展。

比如地扪侗族人文生态博物馆,近年来,该馆重点帮助村寨民众培育生态种植养殖业和传统手工业,使传统产业模式与现代社会需求有机结合,从而推动当地社区经济社会的科学发展。以"手拉手"活动为例,由地扪侗族人文生态博物馆对有机红米从播种、育秧、施肥到收割进行全程质量监控,并评定等级、登记建档。同时,该馆还帮助地扪村民参与有机红米示范种植,并与相关城市家庭建立稳定的关系,实现农村家庭和城市家庭"手拉手"结对直销,通过组织消费者到访生产现场参观考察,促进乡村文化旅游发展,为西部地区生态博物馆的发展探索出了一种行之有效的模式。

三、面临的机遇与挑战

文化的多样性是人类社会活力的源泉和体现,是各个国家和民族宝贵的资源和财富。世界上不同国家、民族创造了丰富多彩、绚丽多姿的民族文化。当前,随着全球化趋势和现代化进程的加快,人类文明进入全球化和信息化的新时代,但同时也给世界带来"单一"的危险。强势文化对弱势文化的侵吞逐步加剧,削弱了人类历史地积累起来的文化资源和创新能力。保护民族文化遗产,捍卫民族文化的独立,维护文化的多样性,成为世界各国尤其是广大发展中国家面临的一个重大课题。

当今时代,博物馆的功能与职能,将再次从"保护藏品"延伸到"保护遗产"。"保护遗产"是时代对当代博物馆的呼唤,也是体现博物馆价值的需要。这一需要的实现,使博物馆工作者打开视野,面对多样化的文化资源,进入无限的发展空间。事实上,我国博物馆文化从起源阶段,就呈现出多样性态势,不同的类别、不同的地域,创造着不同的博物馆文化。当前,文化遗产保护的视野不断扩展,从文化遗产到自然遗产,从历史遗产到当代遗产,从物质遗产到非物质遗产,博物馆的保护、研究、展示空间,也必然从传统博物馆的"馆舍天地",走向山川、田野、荒漠、水下等"大千世界"。正如 K·林奇(K. Lvnch)所说,"空间与时间环境所形成的对于未来的态度本身就是改变世界的关键所在"。"原先栖身于一隅,也许自觉为其乐无

穷;当进入这'大千世界',更能感到自己'任重而道远'"。由此,博物馆文化的展示空间从馆舍到社区、从城市到乡村、从地上到地下、从国内到国外,将文化遗产与自然遗产置于博物馆的广义范畴来认识,体现出外向的、多维的、以促进社会发展为己任、以满足公众需求为核心的发展思路和时代精神。博物馆功能与职能的拓展和深化,赋予 21 世纪博物馆工作者前所未有的用武之地。

我国生态(社区)博物馆的发展必须适应文化遗产保护和博物馆发展理念的变化和演进,逐步建立符合我国实际的科学发展模式,并为深化和拓展博物馆的工作视野和领域、在博物馆为社会及社会发展服务方面不断开展创新而进行有益的探索和实践,这是关系到当前正处于转型期的我国文化遗产保护和博物馆事业发展全局的重大课题。

生态(社区)博物馆建设是一种伟大的尝试和探索,在中国没有太多现成的经验可资借鉴,还处于起步阶段,没有形成完整的规模和体系。制约生态(社区)博物馆发展的主要问题:

一是缺乏科学规划,投入不足。政府层面普遍缺乏引导、支持生态(社区)博物馆建设和发展的有力措施。生态博物馆在布局上尚拘泥于民族地区、经济落后地区,社区博物馆则仅分布于一些大型、特大型城市,品类比较单一,与我国各地区文化遗产的丰富性、多样性、独特性不相适应。

二是调查研究需要深化,亟待建立有效理论支撑。由于国情的差异和时间较短,符合中国特点的生态(社区)博物馆理论体系尚在构建之中,生态(社区)博物馆的工作领域、对象、方法、规律、标准、规范有待进一步厘清和掌握,甚至有的地方将生态博物馆误认为是单纯保护自然环境。

三是社区居民的民主参与意识有待进一步加强。我国现有的生态(社区)博物馆多由地方政府或文物部门牵头主办,社区居(村)民和居(村)民自治组织的参与还相对有限,因此唤起和保持社区居民对自身传统文化的热爱和保护意识,成为制约生态(社区)博物馆发展的关键因素。

四是已经建成的生态(社区)博物馆的文化遗产保护、研究和展示、服务工作水平需要提高,应努力探索促进地区经济社会和谐发展的更多方式和途径。目前生态(社区)博物馆的文化产品比较

单一，结果是游客数量很多，而当地居民却不能有效增加更多的收入。同时，文化遗产的流失仍然非常严重。

四、关于促进生态（社区）博物馆发展的思考

当前，随着改革开放的深入和现代化的快速推进，科技与经济进步所带来的人们的观念、生活方式等的变化，使传统文化面临着有史以来最强劲的一次冲击，其载体和表现形式正在迅速消失的情况日趋严重，许多具有历史、科学和艺术价值的传统建筑濒临毁灭，许多数年前、数十年前尚在使用的生产工具、生活用品正在迅速消失而未能及时征集保存，许多具有艺术价值和鲜明民族特色的工艺品大量流失。在系统总结既往经验和实践的基础上，大力推进生态（社区）博物馆发展，将为保护和传承民族文化遗产，促进经济社会可持续和谐发展发挥不可替代的作用。为此，提出以下几点意见，与大家共同探讨。

（一）加强统筹，合理规划

生态（社区）博物馆发展是一个系统工程，不仅包括文化遗产保护，还包括基础设施和环境改造，需要按照科学发展观的要求有效整合资源，加强宏观指导和引导。

要充分认识发展生态（社区）博物馆的重要性，立足保护地域文化遗产、维护文化多样性，完善公共文化服务体系，将生态（社区）博物馆纳入各地文博事业发展规划和经济社会发展规划，使城乡建设规划的制定和实施与文化遗产保护和博物馆事业发展规划相协调，实现生态（社区）博物馆与当地经济社会发展的良性互动。

要坚持"规划先行"的原则，加强生态（社区）博物馆相关文化遗产和环境资源调查，紧紧围绕突出地域文化特色，科学制定生态（社区）博物馆发展规划。生态（社区）博物馆发展必须经过科学的条件评估与决策论证，要避免对生态（社区）博物馆理念的"误用"甚至"滥用"（比如以旅游为导向的"仿古一条街"或"民俗旅游村"模式），不切实际一哄而上。

文物部门要发挥行业主管职责，提供理念、方法和技术上的智力支持，指导将生态（社区）博物馆发展与历史文化名村（镇）、街保护，民族民间文化遗产、20世纪遗产、工业遗产等新型文化遗产

保护工作有机结合起来，深入调查和挖掘传统民居建筑、社会、民俗等文化遗产资源和环境资源，开展传统产业流程的整理、研究，加强文物保护基础工作，增强特色村镇、乡村、街区的保护力度，不断地充实生态（社区）博物馆的文化内涵，为生态（社区）博物馆的科学规划提供有力保障。

（二）突出重点，积极探索

要遵循生态（社区）博物馆的基本规律，结合实际情况不断丰富和完善发展模式。要突出重点，依托历史文化名村（镇）、街区等保存文化遗产特别丰富的村庄、街道，发展具有丰富文化内涵和鲜明个性特点的生态（社区）博物馆。

生态（社区）博物馆是西方后工业时代的产物。从社会基础条件看，我国经济发展水平较高的东中部地区应该更有优势试行灵活有效的政策措施，依托历史文化遗存丰厚、传统文化生态保持较完整并具有特殊价值的城镇、村落或特定区域，加快建设具有民族民间特色的生态（社区）博物馆或文物资料保护展示中心，加强乡土建筑、民间民俗文化遗产的保护、抢救、发掘、整理和展示宣传，率先建立科学有效的民族民间文化遗产保护机制。

同时要抓住国家"兴边富民行动"、西部大开发正在全面推进的机遇，努力推进西部和民族地区发展民族文化类生态（社区）博物馆，切实维护地区文化的多样性和特殊价值。

要强化生态（社区）博物馆整体保护文化遗产的功能。生态（社区）博物馆要保护展现历史文化村落、街区富有地方特色和集体记忆的文化空间，要将古民居、文物等与其相关的民俗活动、传统手工艺技能保护和传承相结合，实现文化遗产的整体性和真实性保护。要做好原有村落、社区的文化氛围和活态多元风貌的保护，村落、社区文化传承人及原住居民的保留，村落、社区文化活动的挖掘与丰富等工作，并注重遗产所在地的自然环境保护，做到文化遗产与人们生活、自然环境和谐相处。

（三）多方协作，共促发展

生态（社区）博物馆既是乡村、街区文化多样性保护的阵地，也是乡村、街区自然环境保护的桥头堡，是村（居）民自我反思、民主管理和对外文化交流的桥梁，还是带动当地旅游和经济建设的助推器。

要推广和完善"政府支持,专家指导,居民主导"的生态(社区)博物馆发展模式,共同关注,多方协作,建立生态(社区)博物馆可持续发展的长效机制。要在党委、政府的支持下,加强文物行政部门与发展和改革、财政、建设、旅游、环保、民族、文化、农业、水利、交通等相关部门的联动,并鼓励社会力量支援,加大投入,多方共同推进生态(社区)博物馆发展。

《国家文物博物馆事业"十二五"规划》对发展生态(社区)博物馆提出了要求。为加强引导,国家文物局将开展生态(社区)博物馆示范点建设,对首批生态(社区)博物馆示范点予以了授牌,并着手组织编制相关发展规划,积极争取财政专项支持,扶持重点生态(社区)博物馆的发展,科学构建全国的生态(社区)博物馆体系。

各地也要根据区域历史文化遗产资源和特色,结合历史文化名村镇、街区保护,立足完善文化基础设施建设和构建公共文化服务体系,抓紧研究制订生态(社区)博物馆发展专项规划,合理布局,实事求是,量力而行。在具体实施中文物行政部门要发挥专业指导作用,积极争取相关部门的配合支持,整合资源,加大投入,不断完善生态博物馆基础设施条件,促进提高展示服务水平。

(四)动员民众,惠及民生

生态(社区)博物馆作为一种社区性的文化遗产与生态环境的传承与教育中心,村(居)民等社区民众的支持和参与是生态(社区)博物馆发展的关键因素。

要加强宣传,积极探索按照责、权、利相一致的原则,多种方式调动社区居民特别是年轻人保护文化遗产、发展生态(社区)博物馆的积极性,形成"遗产保护人人有责,保护成果人人共享"的和谐局面。

要重点做好传统民居及其住民生活习俗、历史古迹、传统手工技艺等文化遗产密集点及相关人文环境、生态环境的维护,并通过文物保护资料中心配套的高水平陈列展览及相关文化活动,普及科学的生存与发展理念,确立和增强当地居民对自身文化的自觉和文化认同感、文化自豪感,引导和规范当地居民在和谐和经过适当改善的条件下从事传统生产生活与文化传承,投身和参与文

化遗产保护和生态(社区)博物馆发展逐步成为自觉行为。

要通过生态(社区)博物馆的发展,充分挖掘相关文化遗产资源的内涵,依托旅游观光、文化休闲产业,科学、合理地发挥生态(社区)博物馆推动经济社会发展的特有作用,促进资源优势转化为经济优势,推动各地区特别是农村、民族地区的产业调整。

生态(社区)博物馆发展旅游要坚持科学发展观,因地制宜,统筹规划,整合资源,务求实效,必须有助于文化遗产和生态环境的保护,必须有助于维护和改善为旅游者提供当地特色产品和服务的传统生活和生产环境,必须符合《中华人民共和国文物保护法》等有关法律法规的规定。

(五)加强研究,指导实践

研究要与实际工作中存在的问题紧密结合,研究必须回答问题、解决问题和指导工作。要依托中国博物馆协会、有关高等院校和科研单位以及社会专业力量,组织深入开展生态(社区)博物馆和民间民俗文化遗产保护状况调查研究,提出有针对性的对策建议,切实掌握生态(社区)博物馆理论和工作规律,借鉴国际先进理论、理念和实践经验,形成符合中国国情、具有较强针对性和适用性的生态(社区)博物馆理论体系,提高对生态(社区)博物馆的认识水平。

在此基础上抓紧制定和完善生态(社区)博物馆建设和发展的评估标准,建立相应的咨询、指导、协调、督察和管理考核机制,确保生态(社区)博物馆正确地实现其运营目标,最大限度地追求自然与文化、遗产与现实以及相关方面的利益与和谐。近期,国家文物局博物馆与社会文物司已委托中央民族大学等机构的有关专家开展"生态(社区)博物馆建设指南"的研究编制,将广泛征求意见后适时发布提供各地参考运用。

当前,党和政府高度重视保护和传承民族文化遗产,突出强调文化遗产在推进现代化建设和民族复兴伟大进程中的特殊作用,这是我们做好生态(社区)博物馆和文化遗产保护工作的最佳时机。

生态(社区)博物馆的思想产生在后工业社会,无论国内还是国外,生态(社区)博物馆的历史都不长,还在试验和探索之中。在贵州创立我国

第一批生态博物馆时,中国和挪威的专家们提出了"六枝原则",其中第8条是:"生态博物馆没有固定的模式,因文化及社会的不同条件而千差万别。"其含义是生态博物馆的思想在不断发展,并没有一个标准的定义;生态博物馆的方法在不断创新,并没有一个标准的模式;生态博物馆的核心理念在于在文化的原生地保护文化并且由文化的主人保护自己,而具体保护方法则千差万别。因此,我们应该解放思想,本着中国生态(社区)博物馆本土化、特色化的原则,大胆实践,积极探索,创新生态(社区)博物馆发展途径。

(摘自《中国文物报》2011年8月31日第3版)

浅析心理学在文博讲解工作中的导向作用

杨红娟

文博讲解工作是沟通博物馆与观众的桥梁和纽带,在博物馆功能作用的发挥上、对外形象的提升上以及与观众的信息互动上都起着举足轻重的作用。文博讲解服务既是一种功能性服务,更是一种心理性服务。讲解员如何做到讲解服务细节化?如何满足日益增多的不同年龄、不同类型、不同动机的观众的心理需求?如何通过对自身和观众心理因素的把握来提升文博讲解水平?本文旨在要求讲解员应具备的基本心理品质,了解和探析观众的基本心理需求的基础上,提出在文博讲解工作中应采取相应的心理策略,以达到个性化服务的目的。

一、讲解员应具备的心理品质

讲解员的心理状态就像无声的语言,时刻影响着观众的心理,其心理品质也直接影响到观众的参观行为和满意度。因此,讲解员应具有与其工作相适应的心理品质,以调节支配自己的心理活动和行为方式,更好地为观众提供讲解接待服务。

(一)兴趣的多样化

讲解员的兴趣应该是广泛的,应在精通业务知识的基础上,发展自己多方面的兴趣爱好。丰富的知识是讲解工作的基础,而广泛的兴趣又是其入门的先导,上至天文下至地理,中外的史地、政经、文化艺术、建筑、宗教、美学、民俗等,必须具备精本职、通相关、懂邻近的渊博知识,凡是观众想知道想了解的,讲解员都应该懂一点,最好有一定的程度,这样才能使参观者获得最大的精神享受。

(二)性格的外向型

很多大中型博物馆在选择讲解员时特别重视个性品质,要求具有爱他人、爱同各种类型的人打交道的热情性格。做讲解员的人最好是多血质、外向型的人,永远精力充沛,情绪饱满,性情温和,善于交际,热情助人,才能使观众受这种乐观的个性感染,达到良好的参观效果。

(三)情感的奔放性

情感是人对客观事物的一种好恶的心理倾向。讲解情感即讲解员本身的一般情感(主要指对观众的态度)和对文物、标本及陈列的审美情感(主要指对文物、标本及陈列内涵价值的认识)。讲解员的情感因素会通过其行为、表情表现出来,并直接影响到观众的参观情感,从而影响讲解效果;不同需求、不同个性的观众也会引起讲解员不同的态度,产生不同的情感体验,导致不同的接待行为。讲解员强烈而积极的情感可推动讲解服务,有益于观众的参观游览活动。

(四)能力的全面性

讲解员除了应有广博的知识,还应具备观察、注意、记忆、思维、判断能力,语言表达能力,组织交际能力和应变能力等。讲解员通过观察观众言谈举止、面部表情、神态的变化来掌握观众的心理活动,准确地判断观众的需求和意图,了解观众的兴趣指向和气质特点,从中寻觅观众心理变化的线索脉络,采取相应的讲解服务措施。良好的语言表达能力是做好讲解服务的关键,可以引发观众内心的好感,增强观众的信任感,使其产生愉快的情感体验,获得心理上的满足。较强的组织交际能力及应变能力可以促进讲解员与观众之间的感情交流,可以创造和谐的讲解氛围,有助于推动整个讲解服务活动。

二、观众在博物馆游览参观中的心理需求

(一)求尊重的心理

美国心理学家马斯洛的"需求层次理论"将

人的需求分为生存、安全、情感、尊重和自我实现五个层次。其中尊重的需求分为内部尊重和外部尊重，即自尊和他尊。包括①渴望实力、成就、适应性和面对外界的自信心以及渴望独立与自由；②渴望名誉与声望，渴望来自别人的尊重、赏识、注意等①。尊重需求的满足，能使人对自己充满信心，对社会满腔热情，体验到自己存在的价值。

当今社会下，观众的个人意识增强，以更高层次的精神享受为参观动机，以实现心理满足为目的的参观理念更明确，希望得到尊重的要求也日渐强烈。个体需求一旦得不到满足，就会扭头走开，甚至从此远离。博物馆作为体验生活、学习文化、触摸历史、接受教育的最文明、最高雅、最理想的场所，为了满足观众的受尊重、自我实现的心理需求，体现人性化服务，除了硬件服务外，必须抓好最重要、最关键的软件服务——讲解接待服务，正如古德所说："博物馆不在于它拥有什么，而在于它以其有用的资源作什么。"讲解接待服务将直接让走进博物馆的观众体验到是否被尊重，也将直接影响到观众是否再次走进博物馆。

（二）求知的心理

以如皋市李昌钰刑侦技术博物馆为例做了一项数据统计和调查：

通过数据可以看出，到李昌钰刑侦技术博物馆以增长知识、开阔眼界为参观目的的群体占49%，为博物馆观众的主要来源之一。对于文博工作者来说，如何利用好这一文化平台，凭借文物资源的优势，让更多的人开心地走进博物馆，快乐地学到历史和文物知识，了解当地的风土人情，满足其求知欲，更好地发挥爱国主义教育基地的作用，已是文博工作者必须加以重视的问题。

表一　李昌钰刑侦技术博物馆（2011年一季度）观众参观数据分析

（单位：人次/季）

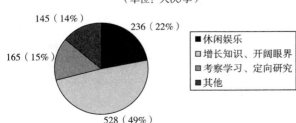

随着经济社会的快速发展，外界环境中的竞争力和压力越来越大，人们对自身的修养和内涵的要求也随之提高，就会通过各种方式来"充电"以完善和充实自己。作为民众休闲场所和对外文化传播的博物馆，更是一个文化补习的地方，它的功能定位和发展方向迎合了现代观众的这种求知需求。可见，增长见识、充实自己已成为民众参观博物馆的愿望。

（三）求美的心理

人对美的追求，在于提高人的精神境界、促进与实现人的发展。观众走进博物馆，第一感官体会首先是对美的直观感受和内心体验，其次才是更深层、更内涵的知识探寻。博物馆不是图片文字的排列组合，也不是文物的简单堆砌，而是将现有的资源进行整合设计，以独特、个性的表现形式，以灵活、多变的讲解方式进行二次创作而展示给观众的艺术品。巴黎卢浮宫被人们誉为艺术的殿堂，就是因为它不管在陈列展示上，还是建筑设计上，都达到了视觉的完美效果，让人的审美心理得到了最充分的享受和满足。

审美心理是人们的美感在产生和体验中的知、情、意的活动过程②。如何抓住观众参观博物馆时的这种审美心理？除了要求展览内容的丰满充实、表现形式的多样化、多媒体运用的先进性之外，讲解员仪表、仪态、语言的美感，以及对陈列展览中美的领悟及解读，直接影响着观众的审美心理。讲解员正确的美感应符合现阶段人们的审美及综合的审美标准，适应观众对审美的一般心理需求与欲望，并且对陈列展览有一定的审美趋同性。在文博讲解过程中，既要照顾所有观众的共同审美情绪，又要适当顾及个别观众的审美要求，通过审美引发观众积极的情感体验。

三、讲解接待服务中的主要心理策略

（一）利用心理暗示法对观众进行积极、正确、客观的引导

心理暗示是指人接受外界或他人的愿望、观念、情绪、判断、态度影响的心理特点，是个体无意中接受这种信息，从而做出相应的反应的一种心理现象③。当讲解员提供讲解服务时，其言谈举止、行为方式都会给观众留下深刻的影响，这就是一种心理暗示。那么我们或许可以认为：讲解服

务,实际就是讲解员通过自身行为对观众进行信息传递的一种心理暗示的过程。当人处于陌生的环境时,会根据以往形成的经验,捕捉环境中的蛛丝马迹,来迅速做出判断,这种捕捉的过程,也是受暗示的过程,希望能够接受他人的指导,作为不完善的"自我"的补充,这是暗示作用的积极面,是作为"自我"和"主见"的补充和辅助⑧。

观众初次来到博物馆这个陌生的环境中,心理容易产生这种受暗示状态,讲解员的心理暗示便会起到非常重要的效果。以如皋市博物馆为例,观众从南大门走进博物馆,首先是对博物馆与人民公园的界限划分、购票情况以及参观范围产生好奇,那么就要求讲解人员灵敏地捕捉到这种信息,及时给予心理的暗示与回应,向观众简要介绍博物馆是以一楼两院的格局为特色,人民公园以水绘十二景为其游览特点;在对外开放形式上,博物馆实行免费开放,人民公园为购票制。观众对客观情况有了前期的了解和把握后,更容易对讲解员产生信任感和认同感,这种受暗示的心理在整个参观过程中更容易得到体现。

(二)利用因势利导法对观众进行合理、合情、合常规的心理疏通

"因势"就是要承认、尊重、顺应和利用观众追求心理和谐这一趋势。"利导"就是对观众的行为施加影响,使观众采取合乎规定的行为。即讲解员努力使观众的生理和心理需要得到合理的满足,为观众的内心压力寻找一条合理的释放途径,把以理服人与以情感人相结合,因势利导地做好讲解服务工作。

讲解员正确的心理疏通法反映在对讲解工作崇高的使命感和责任感,进而发展为对观众的友谊感,并且在讲解接待服务中努力保持积极的情

感,并控制自己消极情感的产生。以积极健康的动作、表情等情绪来有效地感染观众,激起他们强烈积极的心理体验,以产生良好的参观效果。对观众不合理的要求以平静、耐心的态度以期观众的谅解,不应流露不耐烦的情绪或失去理智地与观众争吵。更应努力把自己深厚积极的情感稳固而持久地维持在为观众服务的行动上,给观众以愉快的、肯定的、积极的情感体验。

(三)利用兴趣的能动性特点对观众进行激励与感染

兴趣是人们力求认识某种事物或活动的心理倾向,具有能动的特色。从兴趣的程度来说,它可以增加也可以减弱;从内容来说,它可以随时转移,由某种兴趣转到另一种兴趣,或因外界事物的刺激产生一种新的兴趣,兴趣的能动性特点为讲解服务工作增加了能动性。

兴趣的能动性与参观动机、参观对象有着密切的联系。参观动机越强,参观时的兴趣越浓;参观动机不强,兴趣也会随之大打折扣;讲解内容越有深度、讲解方式越有针对性,观众的兴趣越浓厚,反之,则会减弱。我们仍以如皋市李昌钰刑侦技术博物馆为例进行说明(表二)。

由表二得知:到李昌钰刑侦技术博物馆参观的群体以定向研究的行业内人士,增长见识、充实知识的散客以及学生群体为主,分别占全季度参观总人数的 20%、24% 和 31%。由于参观动机的强弱不同,产生的参观兴趣也表现出浓厚或淡薄。

激发观众兴趣的激励因素主要是直观形象和语言。良好的嗓音条件和语言表达能力有助于创造和谐的讲解氛围,促进观众的参观游览行为,满足其心理需求。用富有感情色彩的语言艺术揭示展品背后的价值,用生动活泼而幽默风趣的语言

表二　如皋市李昌钰刑侦技术博物馆(2010 年三季度)观众参观动机数据统计表(单位:人次/月)

参观动机 参观人数 参观时间	以视察工作为主的各级领导	以定向研究为主的公安部门及博物馆同行	以增长见识、开阔视野的普通散客	以休闲娱乐、放松心情为主的旅游团体	以充实知识、陶冶情操为主的学生群体
7 月	87	136	183	95	286
8 月	53	196	167	123	215
9 月	96	203	289	158	308
三季度合计	236	535	639	376	809

魅力感染观众,让观众得到一种艺术享受,从而激发其兴趣。

（四）根据观众的背景及自身特点为之提供灵活多变、独特个性的讲解服务

博物馆受众群是一个多层次、多类型、庞大而复杂的结构体系。不仅要全方位地研究各类观众心理特征,还要划分观众层次以及观众结构。从不同的角度,用不同的方法可以对观众做出不同的层次划分。从年龄上分为儿童、青少年、中年、老年四大类;从气质上分为胆汁质、多血质、黏液质和抑郁质四种类型。

儿童对形象吸引人、色彩鲜艳的对象投入很大的关注,同时在参观中好动、注意力不稳定,意志力差,大脑易兴奋、易疲劳,好奇心强,可塑性强。青少年观众,尤其是学生对新奇的和自己所学知识有关联的对象比较感兴趣,参观过程中表情生动、情绪跳跃性较大、关注的持久性较差,偶尔会做记录。中年观众,有丰富的经验和知识积累,是充分发挥其能力的高峰时期,往往是单位的中坚骨干,他们对展览有求专性,求实用性,他们性情较稳定,个性成熟,对问题有较深入的理解,并会发表自己独到的见解。老年观众,可能对一定的领域有很深的研究,对自己特别关注的对象有很强的兴趣。参观中有一定的保守心态,对新的东西不易接受,对体现过去生活经历及历史事件的一些展览会投入很大的关注,有自己的观点,不易被改变。

不同的年龄段要采取不同的讲解方法与技巧,讲解的方式、内容、深度、语言及神态,都应有针对性地为之服务。比如对儿童的讲解服务:内容的选择上就该侧重于浅显易懂、图文并茂、直观感强、允许动手的陈列展览;时间的安排上对自然陈列的参观时间应多于其他陈列;语言语气上相对要做到活泼快乐、甜美亲昵、充满爱心、拉长尾音、重点内容加强重复等;肢体形态上更要注重手势的比划、丰富的表情、灵动的引导、欢快的配合。

气质是指某个人典型地表现于心理过程的强度、心理过程的速度和稳定性,以及心理活动的指向性特点[④]。它是心理状态在人的体态上的反映,不同的心理状态表象为不同的气质。古希腊医生将气质分为四种类型,胆汁质类型的观众,精力充沛,情绪发生快而强,言语动作急速而难于自制,内心外露,率直、热情、易怒、急躁、果敢,参观过程中可能会表现出急不可耐、稍微一点不满便会大声埋怨;多血质气质的观众,活泼爱动,富于生气,表情丰富,思维言语动作敏捷,乐观、亲切、浮躁、轻率,参观中可能会对某一件展品容易感兴趣,同时也容易将兴趣转移到另一件展品,喜欢与人交流、调节气氛;黏液质类型的观众,沉着安静,情绪发生慢而弱,思维言语动作迟缓,内心少外露,坚毅、执拗、淡漠,参观速度会很从容,对展览内容、文字说明可能会认真去阅读、去品味,不容易受外界环境干扰,态度不卑不亢;抑郁质气质类型的观众,柔弱易倦,情绪发生慢而强,易感而富于自我体验,言语动作细小无力,胆小、忸怩、孤僻,参观中沉默少言,对讲解员的讲解语言和环境好坏体会深刻。

针对不同气质类型的观众,应采取不同的、多样的、个性化的讲解服务。比如:接待抑郁质类型的观众,讲解时要注重心理的暗示与疏通,捕捉观众内心的情绪变化和感情需求,不能只顾顺着自己的思路进行信息传递,言语指辞的运用上要尽量委婉,肢体形态更不宜太夸张、浮躁、多变,使观众有自己的思考空间,隐而不露、润物无声。

总之,在文博讲解工作中,讲解员既要了解和把握自身的心理品质和心理活动,更要捕捉和分析观众的心理需求和情感需要,用诚恳的态度去引导观众、用积极的情绪去带动观众、用热情的言语去激励观众、用细腻的关怀去感化观众。只有熟悉和掌握了双方的心理特点,只有将观众的心理需求作为对自身工作的激励与督促,才能更有针对性地提供服务,完善服务理念、提高服务水平。

注释:

①刘纯《旅游心理学》,第五章《旅游动机》,高等教育出版社,2002 年。

②黄晓宏《博物馆观众心理学浅析》,《中国博物馆》2003 年第 5 期。

③《心理暗示》,朱彤《日常生活中的心理学》,金城出版社,2007 年。

④同③。

⑤李念红《博物馆观众接待中的心理学知识》,《中国文物报》2007 年 11 月。

建立公共文化服务指标体系
提升博物馆公众服务能力

王 鑫

自 2004 年 5 月 1 日开始，由文化部和国家文物局联合发出通知，要求公共文化设施加大开放力度，向未成年人等社会群体免费开放。到 2008 年 1 月 23 日，中宣部、财政部、文化部、国家文物局联合下发《关于全国博物馆、纪念馆免费开放的通知》(以下简称《通知》)。根据《通知》，全国各级文化文物部门归口管理的公共博物馆、纪念馆，全国爱国主义教育示范基地全部实行免费开放。纵观近年来我国博物馆事业的发展，文物博物馆免费开放惠民工程已取得一定的成效，得到了社会各界的热烈响应，取得了多方面的积极效果。从观众人数来看，免费开放观众量有了大幅度增加。各馆平均人数都增加近一倍，有的甚至几倍；有的博物馆多在便民服务上下工夫，加大送展到农村、社区、学校的力度，让公众足不出户就可以享受博物馆文化。积极推进博物馆信息化建设，博物馆网站的建设大大增强了博物馆文化的辐射力，为公众提供了更广泛的服务。

然而随着时间的推移，媒体报道消息的减少甚至消失，很多免费博物馆重新又回到门庭冷落的境况中。博物馆收费时冷冷清清，乍一免费则人潮汹涌，这种现象说明，不少人是把参观博物馆当做一种休闲娱乐活动对待的。这种认识与博物馆实行免费开放的本意，可谓是背道而驰。分析其中原因，可能有以下方面：

一是博物馆免费开放范围有限。根据《通知》精神，中央级文化文物部门归口管理的博物馆，各省级综合博物馆，各级宣传和文化文物部门归口管理的列入全国爱国主义教育基地的博物馆、纪念馆，浙江、福建、湖北、江西、安徽、甘肃和新疆

7 个省(区)文化文物系统归口管理的全部省、市、县级博物馆向社会免费开放。由此可见并不是所有的博物馆、纪念馆都在免费开放之列。

二是部分博物馆的自身特色有限。由于各地经济发展状况和主管部门重视程度的差异，各地博物馆建设中往往缺少合理的规划和科学的论证，没有完全按照功能优先的原则凸现特色、合理定位，普遍存在结构布局欠合理、功能配套不健全、发展状况不平衡、定位欠明确、体系欠完善的问题，也影响了博物馆建成后使用功能和社会作用的发挥。在现有国有中小型博物馆中，综合、历史馆偏多，专题、特色馆偏少，办馆形式相对单一。部分小型博物馆种类趋同、缺乏特色，与构建富有地域特色的博物馆网络体系要求还有差距。

三是博物馆资金、人员等方面有限。资金的限制使博物馆长期无力增加藏品、更换展览、扩充展厅，展览内容单一，形成了"有馆无藏"的状况。再加上免费开放，涌来的人潮出乎博物馆意料，超过了博物馆的承受能力，工作人员服务意识不强，免费后各方面的服务措施跟不上，致使观众乘兴而来败兴而归。对公众来说，他们需要的不只是一顿免费的午餐，更应是一场文化的盛宴。这需要博物馆不断提高展示传播水平，不断拓展服务领域、方式和手段，提供更加人性化的服务设施和服务项目，努力强化文化的感染力和辐射力。

四是广大市民"博物馆意识"有限。很多人去参观博物馆，都还是凑热闹的"赶集式思维"，把参观当做休闲娱乐甚至赚便宜，失去了参观行为中感受历史、学习知识、接受文化熏陶的核心价值。据报道，我国不少博物馆免费开放之初，拥挤的人

群、嘈杂的声音、不文明的行为、污浊的空气,使博物馆原本幽雅的环境变得与游乐场无异,观众们无法细细品味展览的内涵,参观质量大打折扣。博物馆免费开放,除了要有适应免费开放的硬件服务设施、通俗易懂多层次提供信息的陈列展览外,还需要有培养和引导文明参观的行之有效的手段。

公共文化服务在我国虽不能说是新生事物,但对于如何评价政府的公共文化服务绩效还缺乏科学系统的指标体系,这对于公共文化服务的进一步拓展和完善起到一定的制约作用。因此,当前迫切需要建立一套符合社情民意和时代发展要求的、科学性与公正性有机结合的公共文化服务指标体系,其作用就是反映公共文化服务的现状、跟踪监测公共文化服务的过程、预测和计划公共文化服务的结果、衡量和比较公共文化服务的发展。在老百姓看来,以人民福祉为内核的生活品质评价体系,是以人为本的指标体系。公共文化服务作为生活品质的重要部分,其指标体系应以服务效能为依据,以结果为导向,以资源共享率和公众满意度为标准。

一、博物馆是公共文化服务的中坚力量

博物馆最早的古代形态无论在西方还是中国都只有一个职能,即收藏。这一阶段的博物馆文化纯属帝王将相和贵族文化,与公众无关;博物馆文化现象处于封闭之中。在近代早期形态中,博物馆的第一职能即"收藏"职能进一步完善,鉴于藏品数量与品种的巨大发展,藏品管理的科学化要求日益迫切,于是博物馆的第二职能——"研究"职能便从收藏职能中独立出来,实现了博物馆发展史上内部业务的第一次大分工。17 世纪中叶的欧洲产业革命,使文化教育成为重要的社会问题,博物馆于是由少数社会精英共享,逐渐开始向社会各阶层公众开放,变为社会教育活动的公共机构。"教育"作为博物馆的第三大职能便顺应时代新的要求而诞生,与原有的收藏和研究职能形成三足鼎立局面一直影响到今天。博物馆演变的历史表明,不同时代对博物馆社会功能有着不同的需求;博物馆永葆生机体现存在价值的法则始终是适应时代的需求,拓展或者强化相应的社会功能。自 20 世纪 70 年代开始,西方发达的工

业化国家陆续进入"服务经济"时代,"服务"对促进经济与社会的发展开始起着全新而强劲的推动作用。在这一时代,博物馆的社会化使得博物馆与社会的关联度日益紧密,以人为本、强化服务功能、构建服务体系、提升服务质量等等,逐渐被西方博物馆奉为立馆之本,以及根植于社会并履行社会责任的最新最重要的手段。"服务"理念的确定与公共服务的强化,使西方的博物馆焕发出蓬勃的生机和无穷的时代魅力,其社会与公众对博物馆的亲近和拥戴,与同时期我国博物馆界"门庭冷清车马稀"的尴尬局面形成了巨大的反差。

2005 年 10 月《中共中央关于制定国民经济和社会发展第十一个五年规划的建议》中提出了"加大政府对文化事业的投入,逐步形成覆盖全社会的比较完备的公共文化服务体系"。2007 年 6 月,中共中央政治局召开会议,研究加强公共文化服务体系建设,并于 8 月由中共中央办公厅、国务院办公厅下发了《关于加强公共文化服务体系建设的若干意见》,明确了公共文化服务体系建设的指导思想和目标任务,制定了关于推进公共文化服务体系建设的政策措施,对重大公共文化服务工程的实施、公共文化产品的生产供给能力的增强作了具体的部署。由此"社会主义公共文化服务体系建设"成为我国各级党委政府以及学界所关注的中心议题之一。博物馆作为公益性文化事业单位,是我国公共文化服务体系的重要组成部分,为广大人民群众提供高质量的精神文化产品与服务、保障公民的基本文化权益是其应尽的社会职责。近年来,我国各地均不同程度地重视了博物馆建设。表现之一是博物馆场馆建设步伐加快,博物馆基础工作取得实效。目前已初步形成了以历史类博物馆为基础、专题性博物馆为特色;以国有博物馆为主导,非国有博物馆为补充;以文化文物系统管理的博物馆为主干,行业博物馆、私人博物馆为辅助的博物馆体系。二是人才培养得到重视,队伍建设初见成效。通过培训、交流、考察、论坛等形式逐步培养了一支业务精、能力强的博物馆专业人才队伍,形成了老中青三代人才梯次,为博物馆事业的可持续发展提供了人才保证。三是政府财政加大投入,博物馆自身"造血"功能进一步增强。自"十五"以来,各级政府和相关主管部门十分重视博物馆事业的发展,把相关项目

列入当地重点工程、政府为民办实事项目和财政预算,对博物馆事业的建设、发展投入了大量的人力、财力、物力。四是陈列展览形式丰富,服务水平不断提高。各博物馆、纪念馆根据自身的特点,把"贴近实际、贴近群众、贴近生活"的精品陈列作为自己的工作目标,在创意、设计、制作和宣传推广等各个环节上,引进新理念,尝试新模式,运用新技术,做到导向正确、主题突出、手段先进、方法新颖,努力实现思想性与艺术性、科学性与观赏性、教育性与趣味性的结合,推出反映地方历史和特色的基本陈列,引进国内外形式多样、内容丰富的临时展览,为广大观众提供了精美的文化大餐。

二、博物馆公共文化服务指标体系的特性和内容

建立和完善博物馆的公共服务体系,首先应该对博物馆的功能和作用有一个准确的定位,深度思考博物馆在经济社会发展和繁荣文化事业中应起到的作用,只有这样我们才能正确把握博物馆的发展方向,为文博事业的发展提供强大的思想动力。一般而言,博物馆服务可以大致区分为外部服务和内部服务两大领域。外部服务主要是指对组织外用户提供的服务,主要是推动文化遗产保护成果最大限度地惠及全体人民,丰富人民群众精神文化生活。内部服务就是博物馆从业者相互间的服务,即通过人员培训、职工福利、工作环境管理等充分发挥博物馆员工的积极性、主动性和创造性。由此,完善的博物馆公共服务体系应具备五个基本特征。

1. 公益性:保护和扩大社会公共利益是博物馆重要的职责之一,公益性程度是政府财政支持与否的重要依据,公益性程度越高,政府支持的力度应该越大。因此,在目前的社会经济条件下,免票不是博物馆的公益性的唯一途径,适当的门票收入并不一定妨碍博物馆的公益性,非营利性也不一定增加博物馆的公益性,它的公益性应该体现在社会责任上,突出人民群众的整体利益,并采取适当的方式满足弱势群体对文化产品的需求。

2. 主导性:公共文化服务体系建设中,政府是主体,应承担主要职责。博物馆产品及其服务要代表我国先进文化的前进方向,要充分利用公共文化服务网络,通过举办各类展览、培训、比赛等群众文化服务,净化文化市场、丰富群众文化生活、满足群众对知识的渴求、培养群众良好的道德风尚、增强民族凝聚力。

3. 公共性:就是博物馆服务应该是不分地区、民族、肤色、性别、年龄、身份、职务等,都可以享用。作为公益性文化事业单位的博物馆,是展示民族文化的窗口,它的公共性以社会性为参考坐标,越是接近社会,其公共性越明显,越远离社会,其公共性就会越弱。因此,博物馆的公共性要坚持以人为本、贴近群众,为人民群众提供基本同质的各种文化产品和文化服务,并且无条件地对社会公众进行开放。

4. 均等性:就是要平等地对待社会公众,并且要提供机会均等的文化产品和文化服务,这是一种水平性的、横向的、平均性的公平。在建设社会公众均等享有的基本公共服务体系中,必须确立公平的公共服务理念,采取积极有效的对策,以丰富的文化产品和文化服务,保证社会公众享有公共文化服务的机会和权利,满足人民群众对文化产品和文化服务的需求,尊重社会公众的自由选择权。

5. 多样性:博物馆是一个集收藏、研究和展示为一体的公共文化服务机构,它所提供的文化产品和文化服务应该是全方位和多层次的,一要充分利用文物资源举办相应的精品文物陈列,大力发展与之相配套的文化产品。二要改善参观环境,提供相对应的设备设施和温馨的人文服务等与文化产品相配套的服务。

因此,博物馆公共文化服务指标体系的内容应涵盖:

1. 公共投入指标。这是保障性指标,是指政府为推动和保障博物馆公共文化服务的健康有序发展,调动各类资源,对博物馆给予支持的措施和力度。通过制定公共服务投入指标,可以促进政府在财力许可的情况下加大必要的和基本的投入,满足社会对公共文化服务的需求。投入指标包括两个方面的内容:一是物质资源的投入,包括财政预算、土地、固定资产、人员编制等。二是政策法规的制定,科学合理的政策法规有助于促进公共文化服务发展。

2. 资金运用指标。很多博物馆在公共文化服务过程中感到力不从心。其原因包括没有可持

续的融资、再投资的来源。在公共文化里,出现了两种倾向,一种倾向是真正短缺资金,另一种倾向是政府和社会公共文化服务资金的严重浪费。该指标将督促考核各级党委政府和博物馆的管理者将每一分钱花在刀刃上,确保公共文化服务资金供应充足、供应到位。

3. 发展规模指标。这是基础性指标,是指公共文化服务必须依赖一定的设施、载体,既包括一定数量和规模的博物馆、纪念馆、文保中心、遗址公园等基础设施,也包括博物馆藏品数量、展览展示空间、学术研究水平、安保设施及内部设备设施。

4. 服务方式及内容指标。这是主体性指标,主要是规范公共文化服务单位开展的服务活动,包括服务方式、手段、内容和次数。如博物馆的游客参观数量、举办公益性讲座次数、展陈数量、巡回展览覆盖的范围、包含的人群等。

5. 体制机制指标。这是软环境指标,主要包括建立对群众文化需求的反馈机制,促进社会力量参与博物馆事业的扶持政策措施,公共文化服务共建共享机制,公共文化服务产品的供给方式和渠道,公共文化服务的技术支撑等内容。

6. 行为流程规范性指标。公共文化的立项往往是畅想曲,接下去则要使社会公共财产转由部门甚至管理者支配。所以必须不断地使博物馆工作的每一个环节和上一个环节相衔接,追诉原来的本源是什么,确保经营管理者知道自己的社会责任——承担的是一个博物馆的项目。动议、决策、实施、评估,以及关于后果的处置,都需要有指标可以监控和评估。

7. 文化、科技含量指标。部分地区一味地追求博物馆的数量,导致博物馆文化价值不高,对现代科技成果的利用很差,低文化、低科技含量的做法不仅造成博物馆收藏的是"大路货"的社会误解,也降低了博物馆设施、活动、产品与服务对现代社会群体的适应性和吸引力。

8. 职业素质指标。承担博物馆产品生产、进行公共文化服务供应的队伍应该是有素质指标的。要善于培养人才、发现人才、选拔人才。可以借鉴现代企业的管理经验,科学定岗定编,以效率为前提,以工作量为基础,因事设岗,由岗定人。应该按照知识结构、专业结构、年龄结构,建立行之有效的激励机制,充分调动职工的积极性,充分

发挥其主观能动性。

9. 效益指标。博物馆服务对于民众的负责、对于纳税人的负责,要体现在对于效益的关注上。主要包括两个方面,一是合理划定权重和分值,对投入指标、发展规模指标、服务方式内容指标和体制机制等其他指标内容进行考核;二是确定信息采集方式和内容,对群众的满意度进行统计分析。效益指标应关注三个方面,一个是公共文化消费吸纳力指标,一个是文化消费的分布指标,一个是文化服务的覆盖率指标。公共文化是为消费来到人世的,从受众来讲能否被消费者所吸纳,是其设计功能和资源投入能否实现的标志。

三、博物馆公共文化服务指标体系建设的意义

党的十七大对加快公益文化事业发展、保障人民公共文化权益作出了明确部署。发挥博物馆社会教育功能,提升博物馆服务水平,落实"三贴近"要求,不断满足人民群众日益增长的精神文化需求,是对博物馆建设的本质要求。

1. 建立科学有效的指标体系,有利于进一步明确各个层面在博物馆公共文化服务中的责任。参与到博物馆公众服务过程中的既有政府有关行政管理部门,又有大量的国办博物馆。此外,还有越来越多的社会办非营利性博物馆也将参与到公共文化服务体系的行列中来。因此,必须结合不同的发展目标和职能要求,通过一系列的指标来规范各个层面的责任,有效地开展公共文化服务。指标体系建设通过固化的形式将各方在公共文化服务体系建设中的责任量化、细化、标准化,从而促使各方更好地发挥作用。

2. 建立科学有效的指标体系,有利于提高政府的公共文化服务水平。指标体系建设在促进政府加强公共文化服务职能的同时,也必将增强政府的公共文化服务能力和水平。指标体系建设使政府在推进公共文化服务工作有依据、有标准,同时,也为政府推进公共文化服务工作提供了一套科学、合理的工作机制与流程,从而避免了盲目性和随意性。

3. 建立科学有效的指标体系,有利于促进公共文化服务的规范化、制度化。要建立长效、畅通、便捷的公共文化产品和服务的供给机制,使更多公众受益,就必须为博物馆建设的战略规划、投

入规模和结构、具体服务方式和内容等设计科学、全面、具体的指标作为工作依据,从各个维度全面规范政府、博物馆和其他社会组织的具体文化服务行为,并将这种规范通过制度加以固化,使公共文化服务有依据、有标准,这样就可以避免公共文化服务体系建设出现"因领导人的改变而改变,因领导人的看法和注意力的改变而改变"的现象。

4.建立科学有效的指标体系,有利于将博物馆有效地融入社会公共文化服务体系中。通过政府的主导和公共财政的支撑,运用行政手段整合公共资源,积极发展博物馆这一公益性文化事业,从而把博物馆建设成为环境优美、设施完备、展览丰富、活动多样、服务一流的现代化公共文化服务场所,向公众提供优质的文化产品和文化服务,以保障人民的文化权益,最终实现我国博物馆事业的全面、协调、可持续发展。

略谈基层博物馆的文物保护和人才队伍建设

王建华

文物是人类在历史发展过程中所遗留下来的遗物以及遗迹。文物从不同的侧面反映了各个历史时期人们所从事的社会活动、形成的社会关系、具有的社会意识形态以及利用生产工具改造自然的程度与状况,可以说一个历史时期的文物集中展现了当时人们智慧的结晶。文物的存在离不开文物保护工作。基层博物馆是我国文博机构的基础单位,处于文物保护工作的最前沿,为保护祖国文物事业作出了重要贡献。然而,由于经济发展不平衡和管理体制滞后,基层博物馆在文物保护方面还存在着一系列突出的问题,如:基层博物馆的展陈和库房条件落后,众多珍贵文物得不到妥善保护;文物保护人才缺乏,专业基础知识缺乏;以及文物保护任务重等,这些都使得我国基层博物馆的文物保护工作发展艰难。

一、现阶段基层博物馆文物保护工作所面临的问题

(一)地方领导重视不够,文物保护意识不强

一些地方政府片面地追求经济发展,不重视基层博物馆文物保护工作,特别是一些经济欠发达地区的领导对博物馆文物保护本身所潜在的价值认识肤浅,轻视文物保护工作。一些地方领导受功利思想的影响,喜欢搞"面子"工程,情愿花钱建漂亮的展厅,也不愿意支持建设文物库房,或者引进文物保护先进技术。上级文物主管部门对基层博物馆每年的例行检查,也仅仅是关注防火、防盗等安防工作,对馆藏文物自然损坏的情形不大关注,对基层博物馆在文物保护工作中所面临的具体困难帮助不多。"重考古发现,轻文物保护"已经成了普遍现象。

(二)文物保护经费不足

尽管近几年中央和地方政府在文化建设方面的投入逐年增加,而用于基层博物馆文物保护的资金却不多,影响了文物保护工作的开展。在一些经济欠发达地区,文化经费仅够维持人员工资和基本办公支出,根本无力承担文物保护费用。不少珍贵文物由于缺少保护资金,在简陋的库房里损坏过程加快,令人惋惜。

《文物保护法》规定:"县级以上人民政府应当将文物保护事业纳入本级财政预算,国家用于文物保护的财政拨款随着财政收入增加而增加。"然而一些地方政府只是为基层博物馆提供人员基本工资,对博物馆馆藏文物保护经费很少兑现,有些承诺也很难到位。在一些基层地区(县级单位),文化主管部门仍然掌握基层博物馆的财务支配权,基层博物馆没有专项经费的使用权,即使是上级拨付下来的少量经费,往往也是需要经过多道程序申请才能拨付下来。甚至有些专用经费被上级单位挪用克扣,拨付下来的经费所剩无几。

(三)文物保护条件差

博物馆的建筑是博物馆文物保护工作的一个载体,博物馆文物库房是博物馆文物保护工作的必要条件,是专门用来存放文物的场所,与一般性的库房存在很大差别,是一种特殊用途的建筑。文物库房不仅要具有防盗、防火、抗洪水、防止雷击以及抗震等抵御自然灾害的作用,还应该能够防御因空气污染、光线辐射、气候变化等自然因素造成的馆藏文物损害。据统计,除一些经济发达地区外,我国绝大多数基层博物馆的文物保护工作仍然还是库房管理人员加简陋库房的落后模式,完全不能适应新时期文物保护工作的需要,文

物保护工作没有相应的科学保护措施，造成基层博物馆文物保护工作困难重重，不少文物遭受了不应有的损失。

（四）基层博物馆体制不健全，文物保护任务重

基层博物馆是地方文物保护的主体力量，但是这些基层博物馆人员往往任务繁重，需要身兼多职，如文物保护管理所、文管办、基层博物馆，往往是"一套人马，多块牌子"。有时还要承担上级布置的其他工作任务，基层博物馆文物保护人员就显得紧张短缺，事情繁多；同时又因缺少足够的经费投入，使得文物保护工作大打折扣，影响了文物保护工作的开展。

（五）缺少一支高素质、专业技能强的文物保护队伍

基层博物馆文物保护专业人才普遍较少，文物保护方面的专门人才缺乏。目前，在日常工作中，基层博物馆只是安排人员兼职负责馆藏文物库房的管理，而这些兼职管理人员很少具备专业的文物管理知识。他们中有的连基本的文物保护知识都不懂，仅仅是担当文物库房钥匙的保管员。形成此落后状态，一方面是由于工作人员文化素质不高以及缺乏文物保护专业知识，另一方面更深层次的原因，是因为基层博物馆的管理体制仍然沿用改革开放前的老一套，没有与时俱进进行改革。博物馆没有用人权，人事任免由上面负责委派，缺乏必要的激励机制。加上工作人员待遇低，优秀人才引不进来，懂业务的人员留不住，长期以来就形成了"有人干不了事，有事没人能干"的两难局面。

二、基层博物馆文物保护工作有效进行的对策

保护好馆藏文物是基层博物馆的重要职责，馆藏文物不仅是一个国家、一个地区的历史见证，同时也是博物馆赖以存在的基础。就目前基层博物馆文物保护工作所存在的一些问题，笔者提出几点建议，以期能改进基层博物馆文物保护状况。

（一）地方政府应切实重视基层博物馆文物保护工作

基层博物馆文物保护工作的重要性不能仅仅是口头强调，应该践行我国文物保护法律法规，而不是采取敷衍的态度，更不能因为短期经济利益的诱惑而忽视对珍贵文物的保护。文物是我们祖先遗留下来的宝贵物质财富和精神财富，代表一个民族一个地区光辉的过去。文物具有不可再生性，忽视文物保护工作，是对过去文明成就的漠视。当代大众和地方政府应该对文物保护有更深刻的认识，自觉承担起保护文物遗产的崇高历史责任。

（二）多渠道争取基层博物馆文物保护经费

经费问题一直困扰着基层博物馆文物保护工作，目前大部分基层博物馆经费缺乏，难以正常开展文物保护工作。地方财政拨款是基层博物馆经费的主要来源，然而由于各地经济发展水平的不平衡，使得许多经济欠发达的地区仅仅依靠地方的财政拨款用于馆藏文物保护不现实。要使文物保护经费得到保障，需要从多渠道争取文物保护经费。首先，要充分利用《文物保护法》的相关政策，争取将文物保护事业发展经费纳入到本级财政预算，同时努力增加每年的预算；其次，基层博物馆可以通过举办具有地方鲜明特色的陈列展览，以此来扩大对外影响，引起社会和各级领导的关注重视；再次，基层博物馆应该设法争取企业资金的援助，从而吸收社会资金的援助，以形成博物馆与企业互惠互利的局面；最后，要增强自身的造血功能，发挥基层博物馆所具有的资源优势，增加经费投入。

（三）必须认识到文物库房建设的重要性

基层博物馆应该将文物库房的建设与展厅建设等同看待，重视文物库房的建设。现实生活中，部分基层博物馆只重视展厅建设，而忽视了馆藏文物的保护。例如有的博物馆展厅设计很气派，但是去参观博物馆的库房，则会发现库房一团乱，文物堆放无章，不同质地的文物杂处一室，不利于馆藏文物的保护。对博物馆而言，只有做好馆藏文物保护，才能实现馆藏文物资源的有效利用。"十二五"规划中，我省力争每个县都要有博物馆，因此，基层博物馆在建设初期就应该进行合理的规划布局，按照一定的要求和比例来设计文物库房区和文物展示区，建设一个安全可靠、符合文物存放标准的文物库房。

（四）建立区域内文物中心库房

为了有效保护国有珍贵文物，可考虑在一定的区域范围内，由省、市两级政府投资建立区域性文物中心库房和文物保护工作室。中心库房负责对辖区内基层博物馆的馆藏文物进行技术保护。对不具备文物保护条件的博物馆，可暂实行文物代管制，实行文物所有权和保管权的分离。这样一来，不仅可以整合区域内博物馆的文物资源，实现区域性文物资源共享，又可以有效解决基层博物馆馆藏文物保护的后顾之忧，"保护为主，抢救第一"，防止基层博物馆馆藏文物遭受不应有的损失。

（五）加强管理，强化管理职能

一方面，各基层博物馆要根据本地实际情况，以《文物保护法》为依据，制定相应的具有可操作性的管理办法，在此基础上，针对不同的情况，采取相应的措施，树立《文物保护法》的权威性，解决有法不依，执法不严，违法不究的问题；另一方面，基层博物馆要加强业务管理，加大监管力度，认真履行保护职责及有关管理措施，将基层博物馆纳入科学、正规的管理体系，使业务管理、监督真正落到实处。

三、加强文物保护人才队伍建设

文物保护人才无疑是提高文物保护工作质量的关键因素之一，而我国目前文物保护人才匮乏，这严重阻碍了基层博物馆文物保护工作的开展。因此，加强基层博物馆文物保护人才队伍建设显得尤为重要。

（一）建议高校开设文物保护相关专业

文物保护需要人才的培养和支撑，而高校是培养高层次人才的地方，但目前，我国开设文物保护专业的高校还很少，导致人才队伍跟不上时代要求。而在美国等发达国家，文物保护专业是热门专业，根据美国高等教育指南，美国开设历史保护专业的院校有 14 所，遗产保护专业的院校有 25 所。因此笔者建议高校应该顺应时代要求，加快开设文物保护相关专业，为我国文物保护事业输送更多更好的人才。

（二）对在岗的文物保护工作人员进行定期培训

在岗的文物保护工作人员是进行文物保护的主力军，其专业技能素质关系到文物保护工作的好坏。拥有更加全面、先进的文物保护专业技能可以在文物保护工作中起到事半功倍的效果。目前存在一些因为文物保护工作人员技术不够，而导致文物受损的现象，这无疑是不应该存在的损失。因此，各基层博物馆需要定期对馆内人员进行培训，无论是在机构内还是派往其他地方接受培训。

（三）重视运用现代科学技术成果

文物保护人员需要具备现代科学技术，能够利用先进的技术来挖掘和保护文物。目前基层博物馆馆藏文物保存状况较差，因为修复技术不过关，很多文物得不到良好的保护和修复。许多文物保护工作人员还是运用陈旧的文物保护方法，不会结合计算机、物理化学和材料学等综合专业技术进行研究和探索。因此，在文物保护中，需要从业人员跟上时代步伐，掌握现代技术，更好地服务于文物保护工作。

（四）有梯队地培养文物保护科技人才队伍

人才的培养要有前瞻性，同时也不是一朝一夕的事。要合理安排，合理布局，有计划、有步骤、有层次、有梯队地培养文物保护科技人才队伍，这是我们文物保护事业的基本保障。合理的人才培养体系，决定了未来的文物保护科技人员的构成，更决定了文化遗产保护事业是否能顺利、有序、高效、持续地向前发展。

浅谈大力发展文化产业背景下
中小型博物馆的社会教育工作

赵　翀

党的十六大报告中指出,要"积极发展文化事业和文化产业","发展文化产业是市场经济条件下繁荣社会主义文化、满足人民群众精神文化需求的重要途径"。作为精神文明建设的主要阵地,博物馆的文化产业成为我国"大文化产业"的一个重要组成部分。各地博物馆在办好陈列的同时,积极发掘自身资源,探索多元化发展道路。我国的博物馆事业正经历着一场深刻的从"事业模式"到"产业模式"的革命。作为博物馆各项工作中最贴近公众、最直接服务于公众的部分,博物馆的社会教育工作也经历着从"教育模式"向"服务模式"的转变,为社会发展服务已经成为现代博物馆社教工作的主流。在这样的一个大时代背景下,如何发展和创新社会教育工作,满足社会和公众的需求,是现今博物馆社教工作者,特别是中小型博物馆社教工作者面临的新的课题和挑战。

一、深入开展观众调查,细化参观群体,做到"有的放矢"

自 2008 年全国公共博物馆、纪念馆,全国爱国主义教育示范基地免费开放后,公众文化需求空前高涨。观众结构发生了很大变化,其中未成年人、低收入群体、进城务工人员、村镇居民等观众增幅明显。利用节假日到博物馆进行文化娱乐休闲,已经成为公众文化生活中不可或缺的一项重要内容。对于在全国占绝大多数的中小型博物馆来说,如何满足突然暴增的观众群的文化需求,有着一定的压力。

用市场营销的观点来看,陈列展览和社会教育活动是博物馆生产的文化产品,来博物馆参观的群体可视为这些文化产品的消费群体。企业在开发产品时,对市场会有详细的调研,确定消费人群,针对一定的消费群体来开发相应的产品。同样,博物馆在开发社会教育活动项目之前也应根据观众年龄、职业、知识结构、认知能力、价值观念等方面的内容对参观群体进行详细的调查研究。为此,可以面向社会公众、社区、大中专院校、中小学生等不同类型公众,采取口头调查、座谈会、观众调查表的发放等多种方式、多角度组织观众调查。在获取客观的业务数据和信息后,将参观群体进行类别的细分,针对不同公众开发相应主题鲜明、形式多样、内容丰富的社会教育活动,这样,博物馆的社会教育工作就能做到"以人为本"、"有的放矢"。

二、研究发掘藏品亮点,追求展览规模"小而精",贴近生活实际

在当前市场经济形势下,作为"精神食粮"的生产者和供应者的博物馆,只有不断地开发出新的文化产品,才能最大限度地实现自己的精神价值,满足人民群众日益增长的精神文化生活的需要。博物馆主要文化产品就是陈列展览。而陈列展览又是博物馆向社会公众进行宣传教育的主要手段,是博物馆工作的中心环节,更是博物馆开发社会教育项目的首要工作。

中小型博物馆藏品的丰富程度和广泛性自然不能和大型博物馆相比,但在民俗性和专业性方面有着自己的特色。因此开发展览时,应深入研究藏品资源,注重藏品的民俗化和专业化,发掘文物亮点,通过自我研发整合创造,同时在陈列形式和配套活动方面进行有效地创新，推出一些规模较小，但制作精美的展览。特别是传统节日期间，根据本地的风俗习惯，结合相应的藏品，举办一些民俗展览，组织相应的群众民俗活动，既能有计划推陈出新，又能贴近百姓生活实际。这类喜闻乐见的展览总是会受观众欢迎的。这样既打破了计划经济时代博物馆在陈列展览上"内容雷打不动"、"形式千篇一律"的局面，又增强了博物馆对观众的吸引力和对市场的竞争力。

三、坚守讲解岗位，强化专业训练，建立服务水平高的讲解员队伍

社会教育工作是博物馆各项工作中最贴近公众、最直接服务于公众的部分，是博物馆工作的中心环节和主要的社会职能之一。讲解工作则是社会教育工作的最前沿，它把博物馆教育功能一直延伸到广大观众之中，发挥着展品与观众之间的桥梁作用和中介作用。虽然利用多种传播工具进行讲解的方式很多，而且很先进，但讲解员直接面对观众的讲解，与观众所建立的感情交流是任何讲解工具所取代不了的。

尤其是中小型博物馆，由于资金不充足，技术力量不到位，无法举办特别吸引观众的大型展览，是否拥有服务水平较高的讲解服务就显得尤为重要了。这就要求讲解工作者在不断提高专业知识水平的同时，了解观众心理，以满足不同参观者的需求，做到"因人施讲"。关于如何提高讲解质量和服务水平的理论文章很多，不再赘述。这里强调一下讲解工作理念的转变。

与学校教育不同的是，学校教育是通过教师的口传身教来达到教育目的，教师是学校教育过程中的主导方面；而博物馆是通过为观众自我学习提供服务来实现教育目的的，在博物馆，观众恰恰是教育的主导方面。虽然讲解工作是通过讲解员对观众耐心细致地讲解来达到教育目的的，但与学校教育教师作为主导方面不同的是，讲解工作是通过利用博物馆的文化特性，利用文物固有的文化魅力，调动和满足参观者的各种不同的自我学习的需要来实现教育目的的。因此，在讲解过程中，讲解员应当改变以往教育主导者的角色，淡化教育意识，加强引导观众在参观时的主导性，将"教育模式"转变为"服务模式"，这样才能使讲解工作真正做到"以人为本"，达到真正的教育目的。

四、努力创新教育传播方式，拓展教育活动

（一）摸清家底，藏品有效整合，积极"走出去"

中小型博物馆的藏品资源具有较强的地方性，即反映地方历史的文物藏品较多，这是大型博物馆所不具备的。因此，中小型博物馆可开展盘库工作，在充分了解各自藏品特色之后，将藏品资源进行有效整合，制作出一系列展览产品，积极对外推介、交流。

也可以将展览送到农村、工厂、学校、机关、驻地部队去，让更多的人了解博物馆，这样既让他们熟悉了我国的历史文化，又增加了博物馆的知名度，还为博物馆培养了潜在的消费群体。

（二）加强馆校共建，开展未成年人教育

目前未成年人是博物馆观众的重要组成部分，传统的填鸭式教育方式已经不能为现代的孩子所接受。分布于广大地区的中小型博物馆应当加强与本地教育主管部门及学校等教育机构的合作，根据本地未成年人的特点，开发贴近未成年人生活、学习，融知识性、教育性、互动性于一体的社会教育项目，开展共建教育活动，吸引和带动更多未成年人参与，将博物馆打造成受孩子们欢迎的综合性教育教学实践基地和第二课堂。

利用馆内文物资源及展览优势，结合国家重大历史事件、重要纪念日、节假日或新生入学、入团等特殊日，开展符合青少年特点、激发兴趣的互动教育活动，创造博物馆品牌教育项目。

组织小型流动展览和专业素质和服务水平较高的讲解工作者，进学校、入社区，开展配套主题宣传推介服务。改变以往担任主角进行宣讲的模式，配合学校开展主题教育活动，由学生担任主角积极参与。这种方式可以极大激发学校教育的积极性和学生的参与性，延伸教育项目内涵，扩大教育的受众面。

结合学校相关课程或实践课，深挖博物馆文物资源中相关文化元素，开发与学校相配套的辅助教育教学课件，注重学生参与互动教学，激发学习积极性和参与性。可以将展览内容、图片资料、相关文献资料，融入学校教学教育课件中，让学校充分利用博物馆，开展对未成年人的素质教育。

（三）加强与高校的合作，资源共享、优势互补

我国大学生飞扬的风采是社会主义和谐社会一道靓丽的风景线。大学生的活力、激情、创造力和求知欲使得他们成为博物馆开展社会教育工作无法忽视的观众群体。因此，中小型博物馆在开展未成年人教育的同时，也应当积极加强与当地高校的合作，特别是高等职业学校的合作，积极共建，资源共享，优势互补。

积极发展大学生加入到博物馆志愿服务行列中，特别是那些高校历史、旅游、中文、外语等专业大学生，在博物馆可以为观众提供志愿讲解、咨询、疏导等志愿服务。加强与高校长期合作，建立有效的志愿者管理制度，使志愿活动长期化、规模化、阵地化，更好地发挥博物馆社会教育功能。

将馆内精品文物、本地历史文化、教育发展等相关内容进行整合创新，制作成既含展览、影像及纸质资料，又有配套讲解、专题讲座等的教育资源包送入高校，对高校学生进行教育传播和引导。

除此之外，高校博物馆的兴起也给博物馆社会教育工作提供广泛的阵地。利用博物馆的展陈技术力量，帮助高校建立符合该校校本文化的博物馆，培养大学生讲解员，可以增强博物馆对外宣传效果。

通过这些方式与高等院校合作开展共建互动，将博物馆打造成为大学生综合素质教育和实践基地。

（四）利用资源优势服务社区，充分发挥终生教育的作用

2001年，苏东海先生在《博物馆社区服务的思想由来》一文中说："博物馆走向社区是博物馆融入社会更深一步的实践。当博物馆关怀社区、研究社区、服务社区成为它的实践目标时，它就会从社区获得社会效益和经济效益的回应，获得新的生命力。"

中小型博物馆的社会教育工作中一个重要职责就是吸引社区最广泛的观众，抓住机会支持社区观众参与到博物馆的活动中，成为其所在地区的知识和文化中心，实现终生教育，从而有助于社会的发展。

在老年人聚居的社区，社会教育工作以老年人为主要服务群体，以家庭文化、老年文化为切入点，把握"老而思乐，老而思学"的脉搏，不断选择新的角度，适合老年人的身体特征，满足老年人的愿望，使老年人有一种"归宿感"和"认同感"；在打工者聚集地城乡结合部社区，采取浅显通俗轻松的活动形式，发挥博物馆对文化的整合功能，发扬打工者保留的乡村文化中的重精神、重礼仪、重道德、富有人情味和乡土气息的精髓，同时，向他们传播城市文明的现代精神、生活方式和习惯，提升文化素质；在高档住宅区集中的社区，居住对象是各个行业的成功人士，有一定的经济实力，博物馆展览与活动就必须从高档次、高水平着手。这些社区居民越来越多地热衷文物艺术品的投资与收藏，但文物收藏极富专业性，他们在真伪鉴别、价格认识方面的水平仍有待提高，博物馆可以组织诸如"博物馆之友"之类的文物鉴赏和游学活动，等等。

进一步，甚至可以帮助社区建立社区博物馆，使其成为博物馆实现终生教育的基地，建立终生学习组织，帮助和引导社区内的群众参与终生学习。

参考资料：

王宏钧《中国博物馆学基础》（修订本），上海古籍出版社，2006年

苏东海《博物馆的沉思——苏东海论文选（卷二）》，文物出版社，2006年

蔡琴《博物馆学新视域》，浙江人民出版社，2003年

陈果、胡习珍《从欧洲中小型博物馆看我国中小型博物馆的未来和发展》，《中国文物报》2008年11月6日

崔大伟《博物馆开展社会教育工作的探讨与思考》，《中国文物报》2011年07月27日

康宁《浅谈博物馆社会教育工作创新》（http://dangjian.ccnt.com.cn/whjs.php？col＝444&file＝16458）

试论博物馆在城市生态建设中的作用

张美英

人类社会自从脱离了蒙昧和野蛮时代以后，先后经历了农业时代和工业时代，创造了灿烂的农业和工业文明。但是人类在改造环境获得巨大成就的同时，大自然也向人类敲响了警钟，臭氧空洞、温室效应、物种灭绝、资源枯竭、大气污染、土地侵蚀等环境问题已严重威胁到人类的生存。所幸的是，在 20 世纪 60 年代，一些专家以高度的敏锐力和洞察力提出了"人类的命运与生态环境息息相关"的论点。1972 年，联合国环境会议发表了《人类环境宣言》，1992 年发表了《里约宣言》，向人类展现了一种新生存理念：人类与自然界是一个共存共荣的不可分割的有机整体，人类与自然是和谐统一的关系，人类社会无论是经济还是社会的发展都要追求与环境的统一与协调①。在这种大背景下，生态建设被作为城市走向文明，走上可持续发展道路的战略，受到了越来越多的关注。在联合国教科文组织发起的"人与生物圈（MAB）"计划研究过程中提出了城市生态建设的概念，为城市发展提出了明确的目标。

博物馆是城市文明的标志，其发展与城市发展息息相关，本文将对"为社会及社会发展服务"的文化机构——博物馆在城市生态化建设中的作用作一简要论述。

一、博物馆是倡导市民生态化生活理念，普及城市生态建设相关知识的重要力量

专家指出："城市生态化意味着一场深刻的社会变革，因为它不仅涉及城市物质环境的生态建设、生态恢复和生态重构，更涉及发展观、价值观、生活方式、政策法规等方面的根本性转变。"②"自觉的生态环境意识是实现城市生态化，建设生态

文明的基础和动力。"专家们对城市生态化建设的这种认识是非常重要的，但更重要的是要将这种认识变成全社会人们的共识，因而生态化建设理念的宣传教育应该成为生态城市建设的首要问题。这种宣传内容包括什么是生态概念，城市为什么要进行生态化建设，人类生态化生活方式应该从哪儿做起等等知识、观念性系列问题。从我国的实际情况来看，无论是经济较发达地区或不发达地区，生态环境意识都需要极大的提高，这需要各类媒体从多方面进行宣传，而有着"为研究、教育、娱乐的目的而把人类与环境的见证物为公众收藏、研究、传播、展示"之职能的博物馆，在生态知识、生态价值观的宣传，引导公民在获取相关知识后主动关注生态的变化，倡导生态化的生活方式等方面有着不可替代的作用。

首先，博物馆多样性的收藏，是宣传倡导市民生态化生活理念的物质基础。

博物馆的本质功能就是收藏。博物馆藏品主要分为自然标本与历史文物两大类。自然类藏品主要为生物化石及现生的动植物标本，藏于自然科学类博物馆。如北京自然历史博物馆收藏有动植物、古人类化石及其他生物化石约 20 万件，天津自然博物馆收藏有 38 万件，等等。这些收藏本身就是地球自然历史的见证，是生物多样性的历史档案。其中古生物化石是史前生物留存在地层里的生物遗体或活动遗迹，为研究生物生活习性、繁殖方式及当时的生态环境，提供了十分珍贵的实物证据；对于研究地质时期古地理、古气候、地球的演变、生物的进化等也具有不可估量的价值。例如对恐龙化石的研究，让人们在获知有关史前生态环境及恐龙等知识的同时，更多的是能让人

们了解地球生境破坏后所带来的灾难性后果,从而引起有益的思考。

自然科学类博物馆收藏研究现生动植物标本,对于研究当代生态环境情况、及时给人们提供自然界的真实信息、让人们了解地球自然历史和环境变化都发挥着重要作用。

历史文物类藏品主要藏于历史、艺术类博物馆。历史博物馆收藏有历史发展的各个时期所创造而遗留下来的各类文物,其中有大部分是从古人类遗址发掘出土的系列文物,如古人类使用的各种质地的器物、人类或动物的骨骼化石、植物种子化石、房屋建筑的木料化石等等,博物馆通过对这些文物的研究,能准确推断出遗址的年代、当时的生态环境以及当时人类的生活状况。例如,江苏南通青墩新石器时代文化遗址除了出土了古青墩人遗骨、陶器、玉器外,还出土了大量的麋鹿、野生猪、家养猪等动物骨骼亚化石,菱角、稻米等植物种子化石等。通过有关研究,这些实物,不仅为研究长江冲积形成的平原南通的历史和当时人们的生活状况,更为研究当时的自然生态环境提供了有价值的实物资料。

另外,研究还表明,许多文物中也包含着我国人民朴素的生态学观点和保护环境的意识④。例如,江苏南通青墩新石器时代文化遗址中出土了大量的夹贝陶器物,即在当时制作陶器的材料中加入当时海滨地区常见贝类动物的贝壳粉末,据介绍,这样制成的器物又耐看、又结实。这类实物的出土,反映了6000多年前,新石器时代古青墩人对自然资源的充分利用。

艺术类博物馆收藏有大量的艺术、文学作品,这些作品本身表达的就是人与自然和谐美的主题。例如中国的山水画,主要表现的就是环境的优美,强调的是人在自然界中与环境的和谐。

各类博物馆多样化的收藏,为传播生态知识、树立生态理念、促使大众参与城市生态建设的专题宣传打下了坚实的物质基础。

其次,博物馆的现代化展示是生态理念宣传教育的最佳方式。

中国博物馆事业的开创者张謇先生曾说过:"举事必先智,启民智必先教育。"美国著名博物馆学家艾里斯·博寇说过:"博物馆输入的是以藏品为基础的研究,输出的则为公共教育。"⑤

生态理念是一种综合性的观念,其中最重要的是要先使生态城市建设的主体——人类,树立生态的价值观、道德观,明白一个最基本的道理:不管人类在自然界中处于怎样特殊的地位,作为自然整体的一部分,都应该在促进自然健康、完整和繁荣的伟大事业中求得自身的发展,实现自己的价值。因而对于生态观的宣传,仅仅传播相关的专业知识是不够的,而需要从生态道德、人类的价值观等多角度来进行宣传。博物馆的现代化展示,即是按照社会现实的需要确定展出的主题,根据主题从多层面不同角度选择最能突出教育作用的实物进行展示的形式⑥,由于博物馆的这种展示方式能将生态观念这一抽象概念形象化,因而能被大众广泛接受。

近年来,现代化展示理念越来越被各博物馆重视,各地在进行博物馆新展馆建设时,都能相应地考虑设计制作出具有本地区、本馆特色又符合时代要求的展陈。自然类的博物馆重视地方自然资源展示的设计制作,突出保护自然资源的主题;历史类博物馆一般重视地域文化的展示,突出保护地方文化生态主题。这些展览让受教育者从了解地方自然与人文生态开始,获得城市生态建设的理念。

例如,北京自然类博物馆近年以主题展示理念,以丰富的自然标本展品为基础,设计举办了"人类的朋友——动物与环境保护"等专题陈列,这类展陈往往以仿自然环境为背景,以生物之间的生态关系为景观构成,来反映现实中大自然每天都可能发生的情景。如在生物景观"食物链"的布置中,常见的几个典型小细节是蛙捕虫、老鼠盗食农作物、蛇捕鼠或老鹰捕鼠等,这些设计生动形象地表达了自然界是通过物物相关、相克,从而达到动态平衡的道理。这类展示通常在传播生物学、生态科学知识的同时,对于促使观众产生生态意识,并形成生态道德,有比较大的作用。

今年6月,有一则关于"20亿只老鼠疯狂袭击洞庭湖"的报道。报道称,经过实地考察,专家们非常痛心地指出,出现这种情况的重要原因就是当地老百姓生态意识淡薄,滥捕蛙、蛇、鸟等动物,导致生态失衡,造成鼠类泛滥。可见,博物馆作为科学文化的宣传机构,在为社会发展服务方面还任重道远。

天津自然博物馆曾举办了一个集科学性、趣

味性、艺术性于一体的"地球在呼唤"专题展览，在全国巡回展出。通过 200 幅鲜为人知的生态照片，生动形象地向观众进行环境保护与生态保护宣传。据有关报道，此展接展单位很多，一方面反映了此展受欢迎的程度，另一方面也说明，人们对生态专题知识的渴求。

地方历史文化专题陈列，除了文物本身给人们带来的知识传播意义外，近年也有以地方文化名人、文化事件、文化遗址为主线进行专题设计，具有地域文化特色的展览。这类展览能使观众对本地区的文化产生认同，唤起爱乡爱国之情，通过对家乡良好的传统、优美的环境的热爱，唤起对生态化建设支持和参与的愿望。

二、生态博物馆的理念，将为城市生态化建设提供一种建设思路

城市生态化建设中有一个基本的要求，即"尊重城市的历史文脉与地域文化，复兴被冷落或被遗忘的城市历史场所，找回失落的空间，重新唤起对城市历史的记忆"[⑥]。对一个城市而言，最能体现历史文脉与地域文化的，就是拥有悠久历史，众多物质与非物质文化遗产的历史街区、文化村镇。如何去复兴，如何重新唤起对城市的记忆？生态博物馆的建设过程，就体现了这一基本要求。

什么是生态博物馆？20 世纪 70 年代，博物馆学者们致力于将博物馆与环境服务联系起来，创造性地提出了生态博物馆的概念。关于生态博物馆，从不同的角度有多种表述方式，我国文博专家苏东海先生对生态博物馆的表述，道出了其核心概念，即："生态博物馆是对自然环境、人文环境、有形遗产、无形遗产进行整体保护、原地保护和居民自己保护，从而使人、物与环境处于固有的生态关系中，并和谐地向前发展。"[⑦]

生态博物馆是对传统博物馆理念的创新，是博物馆界的新生事物。其主要建设过程是由政府主导，专家指导，当地居民主动参与，对建设地区进行"原生态地自然、文化遗产的保护、发掘、宣传，从而促进人与环境和谐发展"的过程。生态博物馆传承了传统博物馆的优势，即：保护、展示与传承一个体现生态与环境多样性的更加完整的过去的生活方式，它还完美地处理了传统博物馆不

能解决的问题，即：以生态与连续的态度来处理人类的历史遗产与未来发展的问题[⑧]。由此可见，生态博物馆的建设，不仅能使城市生态化建设的基本要求得到基本体现，而且应该成为城市生态建设的一种文化工具。

据资料记载，经过了 30 多年的实践，世界上已成功建成了呈现不同组成形态和运作方式的生态博物馆。如在美国有"邻里博物馆"，在墨西哥有"综合博物馆"，在北欧有突出农业和工业经济的产业型生态博物馆，我国贵州有以民间文化整体保护为主体的文化遗产型生态博物馆。这些馆的建成，既为保护绚丽多彩的自然和历史文化遗产、为城市传承历史文化、复兴地区文化传统、唤回城市美好的记忆提供了新的理论指导和实践经验，又为这些地区经济、文化事业的和谐发展起到了很大的促进作用。

城市生态化建设，已超越了保护环境即城市建设与环境保持协调的层次，而融合了社会、文化、历史、经济等因素，向更加全面的方向发展，体现的是一种广义的生态观。这需要所有人重新构建新的世界观、价值观、道德观，积极参与到新的建设中去。博物馆的社会职能，决定了它能够在城市生态化建设中发挥应有的作用。与此同时，笔者认为城市的生态化建设，为博物馆理念的创新、业务的拓展也提供了机遇。

注释：

①王进《我们只有一个地球》，中国青年出版社，1999 年。

②杨常军《城市生态化建设发展与研究》，《2007 中国天津欧亚自然历史博物馆高层论坛文集》，天津人民出版社，2007 年。

③甄朔南《环境主义与博物馆》，《甄朔南博物馆学文集》，中国大百科全书出版社，2004 年，第 217 页。

④甄朔南《论我国科学类博物馆的科学研究》，《甄朔南博物馆学文集》，第 29 页。

⑤甄朔南《现代化博物馆展示设计》，《甄朔南博物馆学文集》，第 185 页。

⑥同②。

⑦苏东海《论坛小结》，《中国博物馆》2005 年第 3 期。

⑧曹兵武《生态博物馆仍然是一种文化工具》，《中国博物馆》2006 年 4 月 17 日。

全国生态(社区)博物馆研讨会专家发言(摘要)

为加强对全国生态(社区)博物馆建设的指导,探索适合我国生态(社区)博物馆建设的工作思路与方法,落实《关于促进生态(社区)博物馆发展的通知》,由国家文物局主办,福建省文化厅、文物局承办的全国生态(社区)博物馆研讨会8月23日在福州召开。国家文物局局长单霁翔、副局长宋新潮、博物馆与社会文物司司长段勇、办公室副主任李游;福建省政府副省长陈桦、省政府副秘书长李强、文化厅厅长宋闽旺、文物局局长郑国珍以及各省文物部门、已建和拟建生态(社区)博物馆负责人及特邀专家出席会议。现将此次会议专家发言摘要如下,以飨读者。

生态博物馆的文化价值及其保护(吕　舟　清华大学建筑学院教授):

生态博物馆强调对文化多样性的保护,强调通过体验的方式促进人们对文化多样性的认识。生态博物馆以村寨、社区为单元,突出对文化生态的展示和体验,反映了文化遗产保护的趋势。生态博物馆的目的在于保护和展示文化多样性,文化多样性体现了今天已经被人们广泛认识的文化价值。

生态博物馆保护和展示的文化生态包括物质文化遗产和非物质文化遗产两部分内容。物质文化遗产包括建筑、街区、环境景观以及相关的用品、用具、产品等内容。对于村落类型的生态博物馆,文化景观是其体现文化多样性价值的重要载体。对物质文化遗产的保护需要遵循我国在文物保护事业发展中积累的经验,通过制定和实施保护规划对构成生态博物馆文化价值的物质遗产进行有效的保护和管理。由于生态博物馆的主体是村寨或社区的居民,因此居民参与物质遗产保护规划的编制,执行保护规划相关的保护和管理任务是

生态博物馆能否有效保护其物质文化遗产的保障。

生态博物馆的非物质文化遗产包括生活方式、信仰、传统艺术、技艺、节庆等。非物质文化遗产的保护在原则和方法上都与物质文化遗产的保护存在差异。2004年在日本召开的"保护物质和非物质文化遗产——面向整体之路"国际会议的最终文件提出非物质文化遗产的保护不能简单地遵照物质文化遗产保护的真实性原则。非物质文化遗产的保护需要考虑在完整记录原生态文化的前提下,在继承传统基础上的创新,需要适应时代风尚、审美趣味的创新,这是非物质文化遗产,特别是传统艺术、技艺保持其生命力的基本条件。保持这种文化在当代社会中的活力,同样是生态博物馆的基本任务。

守望社区价值　服务社会发展(宋向光　北京大学考古文博学院教授):

社区博物馆应坚持"以人为本",关注社区成员全面协调发展,关注保障社区可持续发展的自然环境的变化,关注影响社区变革演进的社会环境。应持续、动态地辨识、管理、保护社区发展形成的文化遗产,激励社区成员自觉保护、主动传承文化遗产,发挥文化遗产促进社区发展及社区与外部世界交流的作用。

社区博物馆的社会责任是守望社区价值,守护社区成员的精神家园。社区价值是社区对保持社区特点,以及有助于社区在变化的生存环境延续发展的信念、观念、道德和行为规范的原则性表述,反映着社区成员对自然、空间、时间、他者、信仰、死生的一般性认识,社区成员相维系的道德伦理,社区成员在对涉及社区变革、发展和与其他社区关系重大事件决策时依据的原则,社区与其他

社区交流沟通的基本规范，以及对社区英雄（杰出人物）的评判标准。社区价值通过社区的文化遗产、集体记忆和英雄人物体现出来，是社区成员自信、自尊、互助的心理基础，是调整社区成员关系的社会规则。社区博物馆将社区的价值观、信念、关切和发展构想，以博物馆的藏品管理、陈列、教育、文化活动等业务形态予以表现，将无形的观念、信仰、规范以实物形态表达出来，将社区成员的个性化行为以典型、集合的状态展现出来。

生态（社区）博物馆的地位与作用（孙　华　北京大学文化遗产保护研究中心教授）：

生态（社区）博物馆是对一定地域的文化遗产（主要是活态的文化景观）、遗产所在社区及其资源环境进行保护和发展的一种理想模式。生态（社区）博物馆具有鲜明的地域性、社区的自主性、动态发展性等特点，其最终目标是促进文化遗产的保护及遗产所在社区的发展。文化景观类型遗产是最复杂的文化遗产形态，它是人类适应和改造自然所创造的物质形态和非物质形态的综合体，是既有人类行为过程又有人类行为结果的不断发展变化的特殊文化遗产。要做好文化景观的保护，生态（社区）博物馆的设计和运作，是一种非常重要和有用的手段。

按照生态（社区）博物馆的理念，一些特殊的社区（村落、城镇、街区、遗产区域等）本身就是一座或一组蕴含着丰富文化信息的博物馆或博物馆群。在学术机构专家的指导下和政府有关部门的支持下，通过建立一个资料室作为这个社区成员的联系场所，使之成为保存这个社区集体记忆的中心，成为展示这个社区历史和文化的窗口，成为记录和传布该社区历年变化信息的平台，从而使社区的成员更深刻地认识自己社区的价值，激发起保护和传承该社群传统的文化自觉，以及不断改进提高自己和社区发展潜力、生活品质的动力。

社区博物馆理论与实践的思考（黄春雨　南开大学历史学院副教授）：

社区博物馆和后现代主义都产生或发展于反传统、反现代文明的 20 世纪 60～70 年代。社区博物馆、生态博物馆的发展高潮，恰恰也是后现代主义影响广布的时候；而社区博物馆、生态博物馆处于疲态时，又正是后现代主义呈现颓势时期。社区博物馆的不少特征或多或少地带有后现代主义的色彩，或在一定程度上受到后现代主义的影响。

什么是社区博物馆？应该说迄今为止仍然没有一个明确的定义。生态博物馆、整体博物馆、部落博物馆等在不同的语境下也被视为社区博物馆。从 20 世纪 90 年代中后期社区博物馆发展趋势来看，西方的社区博物馆似乎已不再执著于曾经激进的理念，开始理性的回归，将视野投向了历史文化与空间合二为一的社会体文化（有一定的源头、一定的存在区域"地域的或社会的"与一定的发展历程）和亚文化（团体或共同体特定的价值观和行为准则），对文化多样性的关注、对族群文化遗产的保育和传承取代了对社区现实议题和日常生活的关注。社群博物馆的称谓，可能比社区博物馆更贴切。

我国具有发展社区博物馆的文化土壤，我们完全有可能在会馆文化、祠堂文化以及客家文化等中国自身的历史文化土壤中，走出一条真正具有中国特色的社区博物馆之路。

我国的社区博物馆应该由对都市新兴社区的关注转向对农村社区关注，传统农村社区博物馆应该建立在具有较高文化自觉度、文化较为丰厚、文化空间纵深足以支持其化解各种外来影响和经济发展水平较高的社区，并与新农村建设相结合。

生态博物馆在中国的发展：观察与思考（潘守永　中央民族大学人类学所教授）：

生态博物馆（ecomuseum）是 20 世纪 70 年代出现的一种博物馆新形态，起源于法国，被称作是"后工业社会的文化产业"，也被称作是"社会的镜子"。这种新型博物馆为什么此时在西方发达国家诞生并迅速传播？这要从博物馆哲学的角度来思考，已有许多论述，核心观点是"大众文化对抗精英文化""整体性文化对抗被割裂的文化"，具有明确的后现代文化哲学指向。

在中国，生态博物馆的建设和发展有十多年的历史，是在中国博物馆协会推动与指导下、由地方政府主导的一种博物馆建设新实践，主要建设在相对偏远的少数民族地区。这些少数民族村寨，被经济学家、社会学家描述为"欠发达"或"发育不完善"，距离各种具有现代化意义的"标准化"

甚远，其整体生活的样态具有"前工业社会"的某些特质。与生态博物馆建设几乎同步发展起来的民族（民俗）旅游中，"奇风异俗"成为招徕游客的噱头，是最好的明证。从生态博物馆的建设、运营实践等来观察，地方政府作为主导建设的一方，通常把生态博物馆看作是"招商引资项目""旅游开发项目"，仅有少数地方定位为"文化工程"。村民（居民）由于文化自觉性、对话能力等的不足，虽然知道自己也是重要的"参与者"角色，但参与的内容、参与程度都相当有限，在涉及重要决策、政策的制定时，因为知识储备等原因成了"观察者"。从中国博物馆整体建设和文化遗产保护事业的角度看，生态博物馆在文化遗产（物质文化遗产、非物质文化遗产以及农业遗产等）的整体性保护、传承以及社会综合"发展"等方面，都发挥了巨大的作用，起到了"规范"和示范效果。

国际生态博物馆四十年：发展与问题（安来顺　中国博物馆协会秘书长）：

四十年前的 1971 年 8 月，"生态博物馆"（Ecomuseum）一词诞生于法国，数年后法国人开始了生态博物馆实践。四十年来，生态博物馆这种特殊类型的博物馆遍布五大洲多个国家并在20 世纪 80～90 年代间被引进到中国。

国际"生态博物馆现象"（或"生态博物馆运动"）之所以肇始于欧洲，离不开其特定的社会土壤和业界环境，可以说是欧洲传统博物馆反思其社会职能的产物和推动传统博物馆变革的一种创新性努力。它的核心理念为不少人接受是缘于其"以社区为中心"的价值取向、对整体遗产概念的意识和认知、对社区公共记忆的动态维护、对原地原貌文化的信息链接以及世俗化方法论下的民主参与机制等非传统博物馆要素的引入。需要强调的是，哪怕所遵循或尊重的基本理念乃至方法具有共性，但不同国家、不同条件下的实践却存在着巨大差异性和复杂性，是千姿百态的。

毋庸讳言，生态博物馆力图在博物馆哲学和方法论上为传统博物馆带来改变，的确对博物馆专业领域具有挑战性。同时，作为一种新生事物的生态博物馆也远未完美到无懈可击，诸如，乔治·亨利·里维埃（Georges Henri Riviere）式生态博物馆的现实挑战、生态博物馆名称运用的国

际差异性、生态博物馆运行中的专业性与平民性的关系、生态博物馆社区角色的理想性和有限性等等，都是国际上热议的话题。然而，只要我们以历史发展的角度观察和认识国际生态博物馆的产生与发展，更多聚焦于生态博物馆的基本理念而非时髦的头衔、其实践的过程而非构想的结果的话，就会对 40 年的国际生态博物馆现象持以更加包容而又理性的态度。

社区博物馆人的使命（张晋平　中国国家博物馆研究员）：

三坊七巷是福州城市精神的历史圣地，承载了福州城市发展过程中丰富的历史文化沉淀，而更重要的是，她是中华文化的根系。挪威博物馆学专家马克·摩尔认为：博物馆存在的理由是怀旧和思乡。对于离开福州走到全国各地，以及出国远走到世界各地的福州人，乃至福建人，三坊七巷是他们永久的念想和精神家园。

三坊七巷社区博物馆人必须切记：

1. 社区博物馆人承担的责任是保持和保护好现有遗产，绝不是引进或者开发新的遗产项目。必须认识到遗产不是自然产生的，而是基于一个社会历史体系长期发展所形成的结果。所有新开发的遗产项目，与真正意义的文化遗产毫无共同之处。

2. 社区博物馆人是中华传统文化的守护者和传承者。保持传统文化的稳定性需要一个足够大的群体，需要有足够多的三坊七巷居民居住在社区博物馆区域内。必须加强家庭、邻居和社区内联系的纽带作用，才会创造出发挥和展现传统文化的机会。例如传统服装和传统礼仪，只有加强群体内的综合联系，才可能保持下去。如果社区内在特定的日子创造了场合和机会，这些传统服装和传统礼仪才可能被尊重和弘扬。

3. 社区博物馆人是福建省的文化使者和地方知识的传播者。

4. 社区博物馆人应当是接待者和服务者。应该做到"开院门迎客"，让仰慕三坊七巷的观众走到院子里，歇歇脚，喝杯茶。希望三坊七巷居民能用自己的语言，讲自己的故事，用自己的行动，表现自己的文化。

5. 社区博物馆人要努力在遗产保护和惠及民生两方面获得双赢。

从古代祠堂到现代社区博物馆（曹兵武　中国文物报社副总编）：

近代以来，数代中国仁人志士所追求的中国融入世界、自立于世界民族国家之林，不仅包括国防、经济乃至体制上的现代化，最终也必然是社会与文化上的现代化。中国的现代化可以借鉴西方先进的理论与方法，但所处理的则仍然是中国的对象与内容，包括学者们所探索的儒学现代化与中国文化现代化。因为我们不可能借来一个现代化，所谓的化，必然是古今中外融合、融通、融化而成的现代化，是古为今用、西学中用、西学为用与中学为体的现代化。以科学发展观为指南，党中央已经提出经济建设、政治建设、文化建设、社会建设以及生态文明建设五位一体的最新的现代化建设路线图，其中社会包括社区的建设是关键，文化的建设则是支撑。

有学者认为，20～21世纪影响世界最大的事件就是中国的现代化，是数亿中国农民由农村到城市所开启的中国现代化旅程。他们告别传统的耕读传家的小农经济社会，加入全球化的商品经济，甚至告别故乡，进入城市。而新兴的城市已不仅仅是传统的经济与商业中心、行政中心，同时也是信息中心、文化中心、创新中心，城市尤其是国际化大都市开启了一种全新的生活方式。在新的城市里，他们要重新建立自己与所在社区、环境及其历史的认知与联系，开始一种新的生活方式，构建一种新的价值认同。博物馆正是这样的一种文化工具。博物馆是科教时代人类处理自己生存及其环境物证的一种文化工具或者说制度性发明。不同的历史阶段人类有不同的编订群体记忆文本的理论与方法，比如神话传说、文献记载、历史编年与教育等，以及纪念碑性艺术作品、祠堂、教堂等。在科教时代，考古学、历史学以及遗产保护传承和博物馆等具有尤其重要的作用。从文化结构与功能上说，博物馆某种程度上发挥着与中国传统社会的祠堂以及西方中世纪城乡中的教堂相类似的作用。

遍布古代中国城乡的祠堂是族人祭祀祖先或先贤的场所，同时也是举办诸如婚、丧、寿、喜以及商议族内重要事务、甚至惩处违背族规的族人等家族与社区活动场所，古代祠堂中的先贤祠堂在立意与运作上与现代的诸多人物类纪念馆几乎是异曲同工。

因此，古代祠堂及其文化不仅是一笔特殊的包括有形与无形的文化遗产，其与社会、社区、文化的内在联系方式，也都是今天的博物馆应该传承、借鉴并以现代博物馆理念与方法进行去魅、改造和更新的，比如：从迷信到科学——对其迷信、糟粕进行去魅，以科学、理性、真善美等进行置换；从历史记忆的信仰式建构到物证诠释与科学建构；建构与传承方式从自上而下到自下而上；开展的社区、社会活动的现代化调适，等等，从而使之更加适合当今时代科学与民主的世界观。从历史记忆、群体认同、价值观塑造等方面来说，社区博物馆应该是祠堂文化在当代乃至未来中国的升级换代。

建设与发展社区博物馆，除了博物馆的基本原则之外，社区博物馆尤其应该遵循以下的重要原则：1. 服务社区的原则：构建社区的记忆，加强社区的认同，服务社区的可持续发展。2. 综合保护与展示利用的原则：对社区的自然与人文、有形与无形遗产、建筑器用、民俗、生产生活全面的保护与展示，博物馆化处理。3. 社区居民参与与主导的原则：社区历史与文化的主人，有对历史文化的阐释权，有对博物馆的决策权，以及参与运作的权力。

无论从学理还是实践上，借鉴古代祠堂文化的中国社区博物馆都将是中国传统文化现代化的一个重要入手点，它不仅贯穿着对优秀传统文化的传承与创造性利用，而且是现代科学民主的精神与方法、现代的博物馆文化在城乡社区、社会基层中进行记忆、群体认同与新的科学世界观、价值观建构的有力工具，是将传统与现代、启蒙与创新以及可持续发展一并进行的一项伟大的文化与社会实践。

诚如单霁翔局长所言，博物馆应该从馆舍天地走向大千世界。走下庙堂、走进社区的博物馆在当下中国将是遗产资源富集的历史街区、古村落保护利用与传承发展的重要工具，是新农村建设的重要工具，是城市化快速发展进程中新的城市社区建设的重要工具。

在中国传统文化与社会的繁荣时期，一个千人村落中往往有多个祠堂在发挥作用。如果我们的社区博物馆能够从文化地位、社会功能、公众参与等方面达到与古代祠堂类似的境界，现代科学思想、现代体制、博物馆文化与中国优秀的传统文化能够在社区博物馆中实现完美的对接，我们就可以认为中国从传统向现代的转型基本上成功地实现了。

（摘自《中国文物报》2011年9月14日第3、4版）

对博物馆 OA 系统建设的思考

黄　金

办公自动化（Office Automation，以下简称OA）系统是将现代化办公和计算机网络结合起来的一种新型办公方式，它强调人与人之间、部门之间、行业之间的协同工作，以及相互之间进行有效的交流和沟通。对于博物馆来说，通过 OA 系统，充分利用现代技术与信息资源，可以提高内部管理水平，降低重复劳动，提升工作效率。一套完善的博物馆 OA 系统可以实现公文处理无纸化、事务处理自动化、资讯决策智能化，是现代博物馆信息化的关键内容之一，它不仅有助于博物馆简化行政工作量、提高办事效率和工作质量，而且使管理更加规范化、科学化。

一、博物馆建设应用 OA 系统的必要性

（一）有助于打造节约型博物馆

目前博物馆的信息传递模式仍停留在纸质的形式上，这需要损耗大量的办公耗材，比如纸张、硒鼓、墨盒等。利用 OA 系统，可以实现博物馆无纸化办公，从而大大节约了办公成本。此外，博物馆的主要职能工作是收藏、研究和教育，但现在博物馆行政类工作太多，占用了业务研究人员太多的精力，从而影响了博物馆各项业务的开展。借助 OA 系统，可以降低重复劳动，将专业技术人员尽可能地从繁杂的事务性工作中解脱出来，节约了人力。

（二）有助于打造高效型博物馆

很多博物馆都采用层层授权的金字塔式的管理模式，这种模式的好处是容易控制全局，但底层、中层人员与上级之间的信息反馈往往不畅通，上级了解底层的信息除了通过直接下属外，就是自己亲自了解，效率很低。博物馆借助 OA 系统，可以将大部分事务性工作采用信息化的方式，进行程序化管理，大大提高了工作效率。业务人员不用再拿着各种文件、申请单跑来跑去，等候审批、签字、盖章，这些都可通过 OA 系统在网络上进行。此外，OA 系统信息反馈及时，解决了人找人、找不到人的尴尬局面，每个人都可以从容安排事务，提高了个人以及整个博物馆的办公效率，有助于打造高效型博物馆。

（三）有助于打造创新型博物馆

OA 系统促进了博物馆传统管理体制、办公方式的转变，是针对博物馆的一次"大换血"，为其注入新的活力。博物馆传统管理模式中，上级对下级控制有余，但同级与同级的部门、人员协作交流不足。控制太多，工作就缺乏乐趣，只有协作交流起来，工作才能变得轻松有趣，更符合人性，更容易发挥普通人的智慧和积极性。OA 系统把各个部门紧密联系在一起，使得办公、业务流程都能在网络上进行，强化了博物馆内部员工之间、部门之间的信息交流与协同工作，提高了博物馆竞争力、凝聚力，有利于创新。同时，OA 系统为领导层提供了可靠的决策支持，使其能根据数据和真相及时做出科学的决策。

二、南通博物苑 OA 系统建设概况及存在问题

（一）OA 系统建设概况

随着我苑各项业务的发展，行政管理工作逐渐呈现出互动性、协作性、时效性等新特点，这就迫切要求我们及时解决各种信息交换与共享、信息发布与查询等问题。同时，我苑新展馆信息化工程建设也已完工，建成了主干采用千兆以太网技术的先进局域网系统，物理链路涵盖了所有办

公区及主要建筑。服务器、存储器、网络安全设备、核心交换机、计算机等网络设备也配置到位，个人办公基本通过计算机终端实现自动化，我苑开展 OA 系统建设的时机已经成熟。

2007 年上半年，我苑领导高瞻远瞩，决定采购一套 OA 系统，同年 8 月份建成并投入使用。该系统采用 Browser/Server 模式，完全基于 Internet/Intranet 平台，是一个以博物馆日常办公管理事务为中心，通过引入数据权限和功能权限对不同部门及员工进行权限划分，以实现信息、管理、服务协同工作的办公管理平台。系统包括信息中心、人事机构、考勤管理、工作计划、公文流转、会议管理、审批登记、用款管理、报销管理、办公用品、车辆管理、资料管理、文档管理、资产管理、系统管理等功能模块。

但是，由于忽视了建设与应用的同步性及其他种种原因，我苑 OA 系统并没有得到有效的应用，大家最多依靠它发发通知、接收邮件、传递即时信息等，OA 系统功能被大量闲置浪费。

（二）OA 系统存在问题

1. 行业性设计不够。不少开发商过于注重 OA 系统的共性化开发和商业效应，过于强调新技术，忽略了博物馆特殊的文化背景。开发人员不了解博物馆的行业需求，更谈不上对博物馆的职能转变、部门重组以及业务流程再造进行必要的分析和预测，所以做出的 OA 系统行业性设计不够，针对性不强。

2. 可塑性功能较差。OA 系统的可塑性功能较差，灵活性设计不够，当用户的需求发生改变时，哪怕仅仅是轻微的改变，都需要开发商协助解决，从而影响了用户的使用效率。理想的 OA 系统要能提供全方位的、灵活的、可以定制的系统模块，用户可以自行更改相关模块和设置来满足不断变化的需求。

3. 缺少统一的平台。OA 系统不能与其他博物馆现有软件，如人事管理软件、图书管理软件以及财务软件等相互兼容、自由调用，不能提供一个统一、开放的应用平台。OA 系统不能提供相关接口便于与这些系统快速整合，造成这些系统之间不能紧密协调起来，往往形成多个"信息孤岛"、"应用孤岛"。

4. 领导重视不够，造成 OA 系统应用难。在 OA 系统应用中，领导的重视是非常重要的。领导一般处于 OA 系统流程最重要的审批位置，如果领导对 OA 系统重视程度不够，不能有效地应用，就会造成流程中断。有些领导对 OA 系统的重要性和紧迫性认识不足，有些仅仅停留在口头和书面上。部分领导不能自觉地带头从思想观念、管理方式等方面改进工作方式，不能及时适应政务信息化的新要求。

5. 工作人员抵触，造成 OA 系统推广难。传统的办公方式有一套完整的制度和行之有效的方法，工作人员已经习惯了传统的办公方式，产生了依赖性，不愿主动去改变。他们对使用 OA 系统的

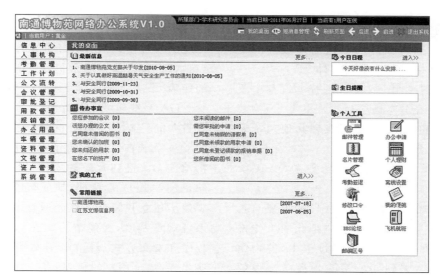

图一　南通博物苑网络办公系统

紧迫性和必要性认识不够，不主动更新知识结构、提高业务水平，有的甚至依然用传统的办公、拟文方式。除此之外，OA 系统要输入大量的原始数据，增加了工作量，这些都造成了 OA 系统推广难。

6. 新旧衔接不够，造成 OA 系统认可难。OA 系统与传统办公方式的衔接、过渡不够，造成 OA 系统得不到有效认可。目前，只有纸质文件的公文才具有法定效力，得到公认，OA 系统中文件的审核、签批等涉及电子签名、电子印章等问题，其使用的有效性受到质疑。此外，很多上级单位来博物馆检查工作，很重要的一项就是检查纸质台账。受此影响，目前博物馆大都还是实行纸质文件与电子文件并存管理的办公模式。

三、推进博物馆 OA 系统成功实施的对策

（一）根据实情选择产品是成功实施 OA 系统的基础

博物馆建设 OA 系统，要立足实际，量力而行，只要能满足本单位的实际需求，就是最好的。建议购买之前多试用，多比较，结合实情，选择成熟的 OA 产品。选购时应主要从以下几方面考虑：

一是产品的易用性。易用性是产品选择应考虑的第一因素，如果产品的易用性得不到保证，推广就无从谈起。

二是产品的实用性。实用性以完成办公室工作的基本业务功能和辅助需要为首要目标，避免盲目追求新技术。

三是产品的安全性。OA 系统最基本的功能是实现公文的网络流转和处理，这需要极高的安全性作保证，尤其是对于涉密的文件。

四是产品的扩展性。在 OA 选择的过程中要有长远的规划，要充分考虑今后扩展的要求，为其留有足够的空间和余地，产品要能和其他系统兼容、对接和数据整合。

（二）领导的重视和参与是成功实施 OA 系统的关键

OA 系统实施的成功与否和领导的重视与否有很大的关系，领导的重视和参与是此项工作推进的关键因素。在 OA 系统建设过程中，博物馆主要领导要充分认识到 OA 系统是提高工作效率、提高工作质量不可缺少的工具，要从系统建设规划、设计到实施，从用户需求分析、培训到应用，每一个环节都给予高度重视，并亲自主持、协调。

领导要自觉带头从思想观念、管理方式等方面改进工作方式，及时适应政务信息化的新要求，要积极支持和直接参与 OA 系统建设，不能只停留在口头和书面上，而且要带头学习和使用 OA 系统，在行动上做出表率。

同时，OA 系统建设是一个不断实践的过程，不可能一蹴而就，甚至还会走弯路，其持续性强、发展更新快、需要资金长期支撑，要是没有领导的决心是不可能实现的。

（三）注入新的管理思想是成功实施 OA 系统的核心

OA 系统不是传统办公方式的翻版，一套好的 OA 系统，不仅仅要能满足用户的使用需求，还要有一套新的管理思想去指导。OA 系统要能把协同办公的理念、知识管理的思想带入传统办公生活，要能提供多种通信方式和信息发布交流模块来促进协同工作，同时，要引入知识管理思想，便于知识积累，方能有利于博物馆长远发展。

对于博物馆来说，要将实施 OA 系统的理念由原先为行政服务延伸到博物馆的各项业务管理环节，使之真正成为博物馆运营信息化和数字化的一个重要组成环节。此外，OA 系统的一个基本特征是流程化、标准化，其推广必将冲击传统办公管理体系和工作模式，也会遇到阻力。要使博物馆工作人员摆脱传统的管理模式和习惯需要一个过程，在这个过程中，要注重与传统融合，变革传统的管理模式，强调传统职能的转变。

（四）建立落实规章制度是成功实施 OA 系统的保障

OA 系统建设不仅是使用新技术、新设备，更为重要的是要实现管理的科学化和规范化，同样的 OA 系统在某些博物馆运行良好，而在某些博物馆却无法得到有效的应用，其根本原因就在于缺乏科学规范的管理，缺乏健全的制度作保障。要逐步建立和健全一整套适合本单位实情的 OA 系统规章制度，如规范公文在 OA 系统中的运转程序和发文方式；规范电子文档的存档方式和程序步骤；规范用户的权限、责任和义务等。有了制度的约束，才能做到有章可循，有规可依，员工才

能严格按照规定操作使用，才能保证 OA 系统的有序运行。

要成立专门的管理维护机构，确定具体的部门承担本单位 OA 系统的规划、建设、管理和维护工作，明确专人负责 OA 系统的日常运行和管理。此外，还要加强对 OA 系统的监督考核工作，制定办公自动化工作的考核标准，并将其纳入到绩效考核体系中，通过监督考核，重点解决各部室对 OA 系统重视不够，不能每天登录 OA 系统的问题。

（五）提高人员队伍素质是成功实施 OA 系统的根本

OA 系统是人、计算机、信息资源三者融合为一体的人机信息系统，人在系统中处于主导地位。对于博物馆来说，工作人员的计算机水平参差不齐，提高人员队伍素质显得尤为重要。博物馆要加大 OA 系统的宣传力度，提高员工的办公自动化意识，并进行必要的培训。一是培训计算机基础操作，如对文字处理软件、计算机网络技术的应用等。二是结合本单位 OA 系统建设和应用的特点，有针对性地对不同应用层次的管理和使用人员开展 OA 系统使用培训，此项培训工作应该与 OA 系统实施同步进行，提前进行"扫盲"培训，确保在 OA 系统上线之前广大用户具备基础的操作能力。培训方式应该采用理论与实践结合、自助与他助结合的培训策略，特别应加强对各部门负责人的培训，尤其要重点培训处于流程的关键节点的领导与管理人员，确保流程畅通无阻。

结　语

OA 系统的发展前景很广阔，一方面国家在大力推进电子政务的建设，另一方面，随着现代信息技术不断的应用发展，Internet 技术、多媒体技术、指纹识别及笔迹识别技术等将被引入到 OA 系统，用以提高基于多网互联的用户之间的交互性以及身份认证安全性。

对博物馆来说，OA 系统的建设是一项艰巨和长期的任务，需要持之以恒，绝不能作为"献礼工程"去建设。要充分认识到普及 OA 系统的重要意义，与时俱进，突破旧枷锁，开拓新思维，大力推进 OA 系统建设，促进博物馆信息化工作再上新台阶。

从博物馆小小讲解员的培训看青少年素质教育

——以南通博物苑培训小小讲解员为例

庄素珍　赵桂琴

博物馆从 1905 年张謇创办的南通博物苑算起已有百年的历史了。博物馆起源之初，多注重对社会的影响，也就是启发民智。随着社会的进步，百年后的今天，博物馆作为青少年素质教育的重要领地，已成为人们的共识。然而，在大多数博物馆，青少年观众对博物馆都表现出异乎寻常的"冷"，与免费开放的热潮相比，形成了极大的反差。尽管各博物馆做了很多的努力，但收效还是不甚理想。根据笔者的调查，青少年"冷淡"博物馆的原因主要是：博物馆"不好玩"、"太冷清"、"没意思"。今年，南通博物苑向社会公开招募培训小小讲解员，从招募到培训，再到如今的义务服务，大半年来，孩子及家长都对博物馆表现出了极大的兴趣。博物馆也由此变得"热"了起来。这给予博物馆如何开展青少年素质教育以极大的启发。

一、小小讲解员培训问卷调查

今年 3 月，南通博物苑向社会公开招募培训小小讲解员，消息一出，报名者十分踊跃，不到 3 天的时间报名者就逾 150 多名。参与的孩子最小的 9 岁，最大的 14 岁。家长们也表现出了极高的热情。

培训的内容有形体、礼仪、发音等讲解员必备的素养，还有历史文物知识、动植物知识、陈列展览等基础课程。老师们将丰富的标本、精美的 PPT 与教学内容结合起来进行授课，收到了良好的效果。针对这次活动，我们向家长和同学发放"小小讲解员培训观众意见调查表"共计 120 份，收到 117 份，回收率达 97%，通过这些调查表的统计和分析，将具体情况总结如下：

1. 你最喜欢哪些课程

科　目	人数	百分比
讲解的魅力	57	48.7%
语言基本功	40	34.1%
礼仪知识	56	47.8%
形体训练	43	36.7%
历史文物知识	55	47.0%
动植物基础知识	88	75.2%
南通博物苑基本陈列简况	42	35.8%
讲解员基本素质	54	46.1%
讲解技巧	47	40.1%
什么是博物馆	49	41.8%
口腔操	46	39.3%

2. 你喜欢哪些课程的授课方式

方　式	人数	百分比
教师坐在台上讲	7	5.9%
教师站在台上讲	12	10.2%
教师台上台下与学生互动	76	64.9%
邀请名师讲座	31	26.4%
借助 PPT 上课	43	36.7%
放故事短片	54	46.1%
借助标本实物	82	70.0%

3. 通过这次活动您孩子有收获吗

有、无	人数	百分比
有	20	17.0%
无	0	0
有一点	5	4.2%
收获很多	73	62.3%
很遗憾参加了这次培训，浪费了时间	1	0.8%

4. 您希望小学讲解员培训班放在什么时间段开班

时间	人数	百分比
周末	41	35.0%
寒假	18	15.3%
暑假	66	56.4%

二、问卷分析

从以上调查的结果可以看出以下几点：

（一）从"你最喜欢哪些课程"的统计情况来看，大部分孩子选择了"动植物基础知识"课，其次是"讲解的魅力"、"礼仪知识"、"历史文物知识"、"讲解员基本素质"、"什么是博物馆"等。说明孩子喜欢知识性和趣味性的结合，动植物基础知识让学生很感兴趣，他们通过观察动植物外部特征，丰富了有关动物的知识，培养了热爱小动物，与大自然和谐相处的情感和科学探究的兴趣。课程在学生认识周围常见动物的基础上，引导学生认识周围常见的植物，进一步感受生动的生命世界。看来，如何培养孩子对其他科目的热爱，成为今后我苑未成年人教育的一项重要工作。

（二）从"你喜欢哪些课程的授课方式"的统计情况来看，借助标本实物，教师台到台下与学生互动深受同学的喜爱，针对青少年活泼、爱动的特点，对感兴趣的可以直接提问题进行讨论，让他们在动手中学到知识，体验参与的乐趣，从而受到教育。而单调的教师坐在台上和站在台上讲，显得枯燥无味，不大受欢迎。而且课堂随时会出现唧唧喳喳说话，埋头睡觉等现象。

（三）从"通过这次活动您孩子有收获吗"的统

计情况来看，收获很多占了比较大的比例，只有一位同学觉得浪费了时间，解释其原因当有多种因素，由于比例极小，暂不对此进行分析。大部分学员认为在这次培训活动中，学到了博物馆的历史文物、动植物、礼仪、形体、讲解技巧等课堂上学不到的知识；培养了学生独立思考和大胆发言的能力；知道了什么是讲解，并且增加了自信，锻炼了胆量。学会了交流，结交了新的朋友。加深了对南通的认识。

为了更实地了解此项调查的准确性，笔者又电话或面谈方式采访了一些学员或家长，与其进行了深度交流：

学员方面反映的主要情况有：

顾媛媛说："通过这次学习，让我了解了很多知识，更加了解南通历史和文物知识，学习也有了动力，长大后也想在博物馆工作。"

漆馨荃说："考核前两天就到展厅练习，家长也重视，个人能力的培养有很多提高。"

王梓蔚说："变得大方、不怯场了。"

沈益宇说："是个学习的平台，锻炼了胆量、提高了表达能力，这个过程挺有意义。"

杨知非说："得到很多锻炼的机会，在这里感到开心、自信。"

家长方面反映的主要情况有：

黄语妈妈说："天天在等考核成绩，就担心不能被录用。我虽然不是专业的，因经常带女儿旅游，看到导游讲解时的表情，我就在表情方面指导女儿。另外她非常喜欢中国历史，培训之前却不太了解南通历史，通过这次学习让她学到很多，受益匪浅，更加喜欢南通的地方历史了。"

陈骁的爸爸说："这次学习能培养孩子与人交流的能力、增强了自信心、口头表达能力，是很好的锻炼，对成长是有帮助的。"

采访过程中，还有许多感人的事件。丁正和同学在等待考核结果期间，他的妈妈来苑与我们交流，她表示：孩子在这里学到了很多的知识，之前接触不到的一些知识现在理解了，很开心。录没录用都无所谓，参与了就行，谢谢你们，这个活动办得很好。在得知未被录取后，丁妈妈为了安慰孩子，特地安排孩子去吃最爱的肯德基，然后慢慢告诉他。可当孩子知道未被录取的消息后，正吃着汉堡包的他难过地对妈妈说:"我不想吃了。"眼泪也随之流了下来。事后笔者采访他,为什么这么在乎"小小讲解员",他表示:"做小小讲解员感到无比的自豪和开心,他相信自己能做好。"果真,在日后的学习中,他十分认真。

(四)从"您希望小小讲解员培训班放在什么时间段开班"的统计情况来看,绝大多数同学认为暑期时间比较长,不影响学习,比较合理。其实博物馆里的教育既是学校的校外辅助教育,也是一个长期的过程和任务。那就要注意与学校的密切配合,又要取得家长的积极支持,还要注意与学生所学知识的结合。为了提高教育的实效就需要根据学生的实际情况制定工作计划。

采访过程中,孩子及家长们对博物馆还提出了一些愿望和需求,总结如下:

(一)老师上课时要和气,不要太凶;上课人数不要太多,要遵守纪律;形体训练时间很长;希望不要在周末上课,周末作业多,没时间上课。

(二)孩子希望能成为一名讲解员;多些标本;希望上课时间短一点;减少PPT,增加实物展示;多上些动植物、历史文物课程;增加实际演练机会;希望以后能一直有这样的活动;家长期望孩子能独立地有特色地讲解某一个陈列厅;希望多个展览能巡回讲解,能组织小小讲解员全面参观各展馆;家长也可以适当的听课。

(三)希望能放故事短片上课,希望以后有展示他们学习成果的舞台,能让培训后的优秀学员实践讲解的机会,最好能继续组织提高班。希望能以培养兴趣为目标,让孩子愿意在众人面前讲解;希望小小讲解员们能轮流上岗;希望多举办此类活动,在培训过程中,给孩子留下一些照片资料作为收藏。

此外,博物馆在一些细节的处理上应体现以青少年为本的原则。展品的说明牌可适当低一些,观众休息的地方、卫生间等都要实实在在地为青少年考虑,使孩子们在博物馆真正体会到主人翁的"地位",使孩子们来了还想再来,从而使博物馆真正成为青少年素质教育的第二课堂。

三、几点思考

博物馆是对青少年进行素质教育的天堂,青少年在这里可以得到德育、智育、体育、美育等多方面的熏陶。但如何达到我们预期的目的,有许多的基础性工作需要去做,尤其是需要耐心而细致的工作。通过这次小小讲解员的培训工作,笔者谈几点看法,与大家共同思考:

(一)首先,博物馆是青少年寓教于乐的场所。将青少年吸引到博物馆来,让他们感受博物馆,并从中提高综合素质,首先要让他们感觉来到博物馆是愉快的。他们可以自由自在地畅游在博物馆中,既放松、娱乐又在玩中进行了学习。笔者在做以上的调查时,经常到展厅中去看学员们在展厅的情况,大多数孩子,都认为在展厅中自由自在地学习,感觉实在是好极了。有些学员表示,来参加小小讲解员的培训,最喜欢的就是在展厅中实习,很自由,又可学到知识。可见,博物馆要吸引青少年的兴趣,首先要顺从青少年的特性,找到他们能接受的方式。玩是孩子的一种学习方式,是一生的动力,是创造的萌芽,玩的本质是探索。

笔者也采访学员,那你既喜欢来展厅,为什么平时不经常来呢?学员们回答:"自己来参观,与在博物苑参加学习感觉不同。来参观没有这么多同伴,学校组织的参观,老师要管理,行动受限制。"可见,要让青少年喜爱博物馆,能让他们高兴和自由是最好的方式。

青少年在学校学习有一定框架,有一定的压力,到博物馆来就要有别于学校的教学方式,不能强迫他们学习,只能营造一个轻松快乐的学习环境,设置一个宽松的场所,激活学生思维,启发学生心智,让学生在这样的环境中去发现和创造。博物馆的文物、场景,在青少年的成长中会自然地埋下探索的种子,终有一天会发芽、结果。

(二)展厅的陈列要尽可能地吸引青少年,要让他们能看懂,有得看。笔者在调查了解学员的过程中,发现大多数孩子都喜欢动植物自然展厅。比如:我苑自然厅里展示着一条长十多米的巨鲸标本,恐龙厅内陈列着形态各异的恐龙,就特别地吸引孩子。这里不仅有精美的文字图片,还有触摸屏加以配合说明,吸引了孩子们的参观乐趣。

相反,对于或以年代为序,或按文物门类表现一定的历史主题,大多数孩子认为展陈呆板、单调,文字说明简单、枯燥,孩子们的回答是"看不懂、没意思、不好玩"。而如果这些历史文物为主的陈列中,有他们关注过的话题,那他们也会兴趣盎然起来。

这些情况启示我们，博物馆在设计基本陈列时，在不影响陈列效果的基础上，一定要充分兼顾青少年观众的需求。增加适合青少年理解的说明文字和展示手段。尤其是教科书上提到过的人和事，应尽量引入互动内容，可就历史上某项工艺、生产流程、操作方法进行模拟并设计出青少年动手参与的环节。博物馆的陈列方式直接影响青少年参观、欣赏的效果。一个形象逼真、生动感人的陈列，给青少年的印象必然深刻。

（三）适当地让孩子触摸展品。孩子的兴趣，很多从亲手触摸上来。笔者在展厅中看见有的孩子在自己喜欢的展品前流连忘返，于是对他说：你若能达到一个什么样的目标，我就让你亲手触摸一下你喜欢的展品，那个学员果真十分认真，克服困难达到了目标。从科学意义来讲，触摸对人的认知有许多好处，可由于博物馆对文物藏品管理过严，在这些方面从来没有放开过。考虑青少年的天性，博物馆今后不妨在这些方面做适当的尝试。

（四）"讲"与"解"的辅导。我们常常有体会，对青少年讲解，如果你只是照本宣科地讲解文物的名称、尺寸、描述，很难吸引青少年注意。如果以一件文物为依托，讲出一个有情节、有人物的故事来，那孩子们的兴趣又顿时浓厚起来。这给我们启发，我们对青少年的讲解，要尽量多的"解"而非单一的"讲"。只有引导他们感兴趣了才能让他们了解我们要传递的知识。

博物馆虽然有取之不尽、用之不竭的资源优势，但找不到让青少年感兴趣的知识点，资源就难以发挥应有的作用。让文物"说话"是博物馆的语言特色，因为文物语言最具有真实感和原始性，直观、形象的文物是历史的直接记录和见证物，是任何教科书无法比拟的。但如果文物语言让青少年不懂，那也就没有起到效果。如何让青少年认知博物馆语言，讲解辅导是必不可少的。

德国文学家歌德曾经说过"博物馆者，非古董品之墓地，是活思想之育种场"。青少年观众年龄跨度比较大，对少年儿童讲述时，语言要浅显易懂，富有亲和力，避免单调空洞的说教式，多以启发引导式和问答式的生动语言来激活学生的记忆细胞和感受力，从而让他们体会到人文魅力。在讲解中也要注意与青少年进行交流，给他们发表个人意见的空间，消除讲解员与青少年之间的陌生感，拉近博物馆与青少年的距离。

（五）让青少年在博物馆感到自尊、自信。对青少年实施素质教育，是我国社会主义现代化建设和迎接国际竞争的需要。人的成功，很大程度取决于自身的精神层面。博物馆对于青少年素质的形成具有潜移默化的作用，对于某些素质的形成，如道德素质、美育素质、心理素质，往往比课堂教学有着更为重要的作用。因此，营造博物馆良好的氛围，对培养青少年健康的心理大有裨益。

著名儿童教育专家，儿童心理学家刘孝昕教授曾提出："解决了儿童素质教育问题，就解决了人的一生的发展问题；解决了儿童素质教育问题，就解决了中国的教育问题，就解决了困扰、烦恼家长的一切育儿的问题。"

青少年素质教育是全社会共同关心的话题。素质教育包括：思想道德素质、文化科学素质、心理素质、身体（健康）素质、审美素质、劳动技能素质等多方面。博物馆在培养青少年素质教育方面，有比其他机构更占优势的地方。作为文明的窗口、传播科学知识的殿堂，博物馆一直是社会教育的重要基地，是学生的第二课堂。我国现有各类博物馆2300多家，近来，各省的省级博物馆都得到新建或扩建，投资超过1亿元的大馆就有20多家，应该说我国的大中城市基本上都拥有了数座现代化的博物馆。繁荣的景象下，如何让博物馆更好地为青少年服务，社会各界，特别是博物馆界应该对此引起高度关注。

继承先贤伟业　传播江海文明
南通博物苑未成年人思想道德建设取得实效

苑　文

　　我国历史悠久,文化灿烂,丰富多彩的文物遗存,记载着全国各族人民认识世界、改造世界的光辉历程,凝聚着中华民族团结统一、爱好和平、勤劳勇敢、自强不息的民族精神。以保护、展示历史文化遗产和人类环境物证为己任的文物、博物馆工作,在传承历史文明,弘扬民族精神,培育爱国主义情感等方面具有不可替代的作用。未成年人是社会的特殊群体,他们身心的健康成长,关系着中国特色社会主义事业的兴旺发达、后继有人,关系着中华民族的振兴大计。

　　作为中国的第一座公共博物馆,南通博物苑充分认识自身在加强和改进未成年人思想道德建设中承担的特殊使命和责任,从未成年人身心成长的特点和需求出发,从树立和培育他们的正确理想信念入手,按照"贴近实际、贴近生活、贴近群众"的要求,紧紧把握时代脉搏,唱响主旋律,打好主动仗,捕捉兴奋点,服务个性化,创造性地发挥文物藏品的实物性、生动性的教育功能,不断增强博物馆针对未成年观众的吸引力和感染力,将文物、标本等凝聚着丰富历史文化及自然科学内涵的文化载体真正转化为提高未成年人思想道德素质、科学文化素质的精神食粮。南通博物苑自2004年2月18日起每月的18日免费对外开放,同年根据文化部、国家文物局下发的《关于公共文化设施向未成年人等社会群体免费开放的通知》,从5月1日起对未成年人免费开放;2008年根据文化部关于博物馆免费开放的要求,面向社会全部免费开放,更充分发挥了基地的教育功能。据统计,近三年来,南通博物苑共接待未成年人近100万人次,充分发挥了博物苑在未成年人思想

道德教育中的重要作用。

　　正是由于在未成年人思想道德建设中所作出的突出贡献,南通博物苑被授予全国文明单位、国家首批一级博物馆、国家ＡＡＡＡ级旅游景区、全国精神文明建设先进单位、全国科普教育基地等称号。在实际工作中,南通博物苑主要做到了"五个结合":

一、老馆与新馆结合,拓展服务空间

　　南通博物苑拥有大量的文化宣传资源:如国家级保护建筑濠南别业及早期建筑中馆、南馆、北馆;有丰富的历史文物、革命文物、自然标本藏品;同时,苑内还建有假山、荷池、风车、水塔、亭台楼阁等园林设施;种有多种珍稀植物,并饲养少量的珍禽异兽,是馆园一体的综合性博物馆。改革开放以来,特别是近几年来,南通博物苑与全国不少博物馆一样面临新的发展契机。

　　2005年南通博物苑的百年华诞之际,南通博物苑配合濠南路改造,全面整治了沿路面貌。同时,分别实施了北馆、中馆、南馆和国秀亭、藤东水榭、水禽森、农校区教学楼群的维修,复建谦亭,并根据相关文献记载,恢复园林景观,在中药坛引进栽种和培植一批中草药,补植调整了历史保护区的植物景观,实施了新馆区的绿化。

　　为适应时代发展的需要,在市委、市政府及市宣传文化主管部门的领导和支持下,博物苑决定投资建设新馆。为此,南通博物苑邀请两院院士、清华大学教授吴良镛先生主持设计。新馆建设十分注重与老馆的协调,建筑与环境的配套,历史与传统的衔接,民族传统与国际时尚的结合,形成了

气度非凡的建筑外形。新馆建成后，南通博物苑增加建筑面积 8000 平方米，园林面积 15000 平方米，展厅面积 3000 平方米，有效地拓展了未成年人思想道德建设的阵地。

二、硬件与软件结合，提升服务质量

随着新展馆建设的进行，南通博物苑组织专业人员对新展馆陈列定位、展览方案进行了专门的研究，由专人负责陈列内容设计方案。在向苑内外专家学者广泛征求意见的基础上进行了多次修改，最终形成了较为成熟的方案。新展馆一次性推出"江海之光——南通文化和自然资源陈列"，"天产物华——南通市自然资源陈列"，"腾飞之龙——恐龙专题展"等展览。为辅助展陈内容，提高观赏性，设计、制作了"青墩的故事"、"江海变迁"、"南通历史人物"、"煮海积盐"、"南通民间文艺"、"麋鹿还家记"、"苑藏精品幻象展示"、"中国博物馆十大精品陈列"等 20 个媒体辅助展示项目。这批展览定位准确，手段先进，让人有耳目一新之感，成为社会公众了解南通的历史、地方文化、自然资源，了解博大精深的中国传统文化艺术的良好精神家园。

随着展览等条件的改善，南通博物苑清醒地认识到，与同级兄弟博物馆相比，南通博物苑的硬件条件差距显明缩小，但业务仍存在一定的差距。为尽快拉长这条短腿，从而构建与同级博物馆业务对话的平台，形成与中国第一博物馆相称的业务地位，实现业务工作的大提升，大力开展岗位"练兵"活动，由南通博物苑专家、外单位专家学者对全员培训，并通过在职进修、脱产学习，引进人才，用合作研究等办法提升业务水平。

另一方面，为更好地引导观众参观展览、接受知识，南通博物苑着力加强讲解员队伍建设，讲解队伍的业务素质、工作水平明显提升。讲解考核已成为经常化、制度化的工作。苑领导对讲解词的撰写、讲解风格的把握都亲自过问、指导。特别是针对不同观众的年龄、心理特征，讲解员做到"因人施讲"。对于专家学者、领导讲解时注重学术性、严谨性；对大学生，注意知识性、逻辑性；同时专门编写了针对未成年人的讲解词，改成互动式、启发式、故事式的讲解形式，以便于青少年理解、接收。经过近两年的努力，目前南通博物苑具

备了一支素质较高、作风正派、热心为观众服务、热心于校外教育事业的讲解队伍。近两年来，南通博物苑讲解员在市、省、国家级讲解大赛中分别荣获一、二、三等奖的好成绩，讲解接待等工作受到国内外宾客的好评。

三、被动与互动结合，增强社会交流

南通博物苑是地方综合性博物馆，拥有自然和人文双重资源。每年举办"5·18 国际博物馆日"宣传、咨询服务或专场文艺演出；每年举行"爱鸟周"的宣传，如开展"关爱生灵，保护鸟类"百名儿童现场绘画，组织部分市民、学生外出观鸟等活动；在暑期组织"博物苑一日游"、"青少教育专题讲座"、"青少年夏令营"、"七彩夏日"等主题活动。上述活动已成为博物苑开展社会教育的知名品牌。

在搞好内部展览和举办各类宣传教育的同时，还积极走出单位，走向社区，走向学校，如组织文博专家走进地方高校，开设文物鉴赏讲座；精心制作"华夏第一馆——南通博物苑"、"走近昆虫"、"保护无形遗产，传承古代文明"等展览，在我市的文化广场、大中小学校、社区流动展出；受聘担任我市部分小学的校外辅导员工作，开展了"爱我家乡"等主题中队活动；自 2009 年起开办的"文博之星——小小讲解员"培训，在丰富了广大少年暑期生活的同时，还培训出了近百名"小讲解员"，义务向游客讲解；与团市委联合举办"南通市首届青少年公益夏令营"活动，使贫困家庭的子女走进博物苑，了解南通的历史与现状，激发热爱家乡、建设祖国的伟大理想。

为加强基地建设，南道博物苑先后与有关单位共建了"江海志愿者服务基地"、"盐城师范学院大学生社会实践基地"、"南通纺织职业技术学院张謇职教思想教育基地"、"江苏省南通中学、南通师范第一附属小学素质教育基地"、"河海大学南通博物苑德育基地"等，为在校大中小学生、江海志愿者提供学习、实践的场所，并对他们进行博物馆工作的培训，使之更好地服务社会、服务大众。

四、爱国与爱乡结合，激发道德情感

爱国与爱乡是紧密相联的，在未成年人的思想道德建设中，也要注重激发其爱乡的热情。张

謇创办了中国第一个公共博物馆，这是张謇爱国思想及实践的见证，同时也是博物苑进行爱国主义教育的最好题材。近两年来，南通博物苑积极把握时代发展脉搏，改变以往基本陈列周期长、展陈面貌多年不变的状况，充分挖掘苑藏文物资源，推出"苑藏书画展"、"佛教造像艺术展"等一系列文化艺术展，展示我国传统文化艺术；同时发挥南通博物苑在自然方面的学术研究、藏品优势，举办"苑藏自然标本展"、"走进自然、探索奥秘——大型科普展"，与科协等单位共建科普教育示范点，使博物苑成为我市科普教育的重要窗口；结合城市文化品牌宣传及时推出"中国近代第一城"、"中国早期现代化的前驱——张謇"等图片史料展，将中国近代第一城、张謇研究等领域的最新学术成果及时公诸社会。为宣传中国博物馆的历史，推出"中国博物馆事业发展百年历史展"和"南通博物苑苑史展"。

2011年3月21日，由市文明办、市教育局、市文化广电新闻出版局主办，南通博物苑承办的"走进崇川福地——南通博物苑'知南通，爱家乡'"巡讲在南通博物苑正式启动。截至目前，已赴学校、社区巡讲8场。此次巡讲活动由南通博物苑选派业务精湛、表达和沟通能力强的讲解员到学校为师生作讲演。讲演内容以我市地方历史文化为主。讲解员根据中小学生特点，精心选择趣味故事和文博知识，通过生动形象的语言，声情并茂的表达，深入浅出的方式进行现场演讲，让学生增长见识，加深对我市历史文化和博物馆文化的了解，激发广大师生热爱家乡、建设家乡的情感。

五、传统与现代结合，拓宽传播渠道

陈列展览是博物馆文化最具特色的表现形式，也是开展未成年人思想道德教育最直接的方式。南通博物苑在展陈形式上也从理解和尊重观众的学习心理和行为方式着手加以改进，如自然科普展中，除了展示了南通博物苑历年来所藏的动物标本，还为不同种类的动物布置了与之相适应的生活场景，向观众传播关于人类赖以生存繁衍的地球家园；配置了电脑触摸屏、VCD放映机，一方面增加展厅的科普内涵，另一方面供观众查阅更多资料或观看科普教育片；同时还设计观众参与动手制作的内容，使展览更具生动性、趣味

性、参与性。整个展览馆，已成为广大观众认识自然、了解自然知识的良好的场所，也为学生的研究性课程提供了一个很好的实践基地。特别是新展馆的展陈设计上，更是以人为本，除了聘请专家设计陈列内容，更充分运用声、光、电等最新科技，以天幕电影、多媒体、电脑触摸屏等为辅助设备，进一步发挥博物苑的教育功能，开展为成人思想道德教育，仅此一项投入就达到了200多万。

为了跟上时代发展的步伐，南通博物苑在2008年国际博物馆日之际，对原有网站进行了更新改版。在形式上，网页的设计应该色彩鲜艳，层次分明；利用孩子喜欢的卡通形象制作flash的动画效果，让孩子倍感亲切，收到较好的效果。网站内容亦十分丰富，共设10个主栏目，分三级菜单。其中百年历史和张謇研究为特别突出本苑历史地位而设，注重史料性和深度研究，为研究南通博物苑和张謇的专业性窗口。为充分体现博物馆创造和谐社会的重要作用，本站也注重宣传本地区的地域文化、着重自然科普宣传。针对学生年龄和受教育程度的不同，开辟专区，为学生提供了解博物馆教育资源的便捷途径，以拓展孩子的视野，满足他们的求知欲。2011年，南通博物苑又相继在网易和新浪网页上开通了微博和博客，及时向网民传达最新的资讯。

南通博物苑多年来的未成年思想道德建设工作赢得了百姓的认可、社会的好评以及媒体的关注，《中国绿色时报》、《新民晚报》、《中国博物馆通讯》、《中国文物报》、《南通日报》、《江海晚报》、《南通教育报》、南通电视台、南通广播电台等媒体多次进行了报道。

加强和改进未成年人思想道德建设是一项系统工程，是社会主义精神文明建设的重中之重。在今后的工作中，南通博物苑将正确处理好社会效益和经济效益的关系。把社会效益放在首位，突出自身特色和优势，向未成年人提供独具特色的精神食粮，努力做到"三个继续"：

继续加强与青少年的联系。结合学校教育的特点和实际，利用文物藏品和场馆优势，组织开展丰富多彩、适合青少年身心健康成长的教育活动，使博物馆真正成为未成年人的"第二课堂"。结合社区生活的特点，举办各种形式的巡回展览和讲座，向更多的未成年人进行爱国主义、集体主义、

社会主义、民族精神和科学文化教育,培养广大未成年人热爱祖国、积极向上、团结友爱、文明礼貌、崇尚科学的精神境界。结合六一儿童节、寒暑长假等未成年人的节假日,有针对性地设计和开展参观、讲座等适合青少年特点的活动,倡导先进、文明、健康的生活方式和行为规范,为促进青少年的全面发展创造良好的文化环境。

继续提高工作人员素质。根据自身具体情况,采取聘请专业人才、招募志愿者等方式,建立和完善由本单位人员与外聘人员相结合、专兼职相结合的辅导员队伍,为未成年人参观、学习、开展活动提供辅导和服务。充分调动和发挥老干部、老战士、老专家、老教师、老模范等相关人士的积极性,引导他们积极役身到文博单位的讲解和辅导工作中来,切实承担起帮助青少年增长知识,牢固树立正确人生观、价值观的重要历史使命。

继续提升陈列展览水平。认真总结优秀陈列展览特别是针对青少年展览的成功经验,按照贴近实际、贴近生活、贴近未成年人的原则,加强陈列展览的预见性和计划性。在展览内容设计上,考虑满足未成年人的需求。努力实现思想性与艺术性、科学性与观赏性、教育性与趣味性的完美结合。针对未成年人的兴趣爱好,积极探索新的展示艺术和表现手段,注重高新技术和材料的合理运用,不断增强陈列展览的吸引力和感染力。

论博物馆安全工作的规范化管理

——以南通博物苑为例

陈银龙

安全管理工作是博物馆十分重要的工作之一,安全工作的规范化管理是博物馆安全管理工作的重中之重。笔者结合南通博物苑的安全管理工作,试着论述一下博物馆安全工作的规范化管理问题,以求同行赐教。

一、思想上高度重视,筑牢安全的头道防线

近些年来,常常会听说一些博物馆出了安全事故,或文物被盗、或文物损坏。这些现象的出现,反映了一些博物馆的领导思想上还没有真正重视安全工作。在一些博物馆,安全工作说起来重要,做起来次要,忙起来不要的情况依然存在;安全工作上的麻痹思想、侥幸心理、说得过去的想法依然存在;安全工作少数人做,少数部门抓的现象依然存在。笔者认为,要改变这种状况,博物馆的领导就要在思想上真正树立"安全第一"的理念,做到安全意识一以贯之,安全行动一着不让,筑牢安全的头道防线。

南通博物苑这几年来,苑领导在思想上十分重视安全工作,在筑牢安全的头道防线方面做了一些尝试,他们的做法是:

安全工作全面渗透。该苑安全管理机构健全完善,苑部有安全管理委员会,成员为苑领导和各部门主要领导,苑长为委员会主任;苑内有安全保卫部和综合治理办公室,配有充足的安全保卫人员;各部门有安全信息员,形成了纵向到底、横向到边的安全管理网络,全苑从上到下,从点到面都有机构和人员负责安全管理工作,实现了安全工作的全覆盖。该苑利用各种会议宣传、布置、汇报安全工作已成常态。例如一月一次的苑务会议,苑领导必定要传达、宣传上级安全会议内容和安全方面的文件精神、布置安全的重点工作,部门领导则要汇报本部门的安全工作,一些需要协调的安全问题也在会议上得到解决。该苑还在布置、落实各项工作中同时布置、落实安全工作,实现安全工作的全面渗透。2011年年初,他们准备组织小小讲解员的培训工作,培训通知发出后,前来报名的多达140人。为了满足小学生参加培训的愿望,该苑决定全部录取报名的小学生。在落实这项工作中,他们同时落实了整个培训期间的安全保卫工作,苑部还专门召开会议,落实安全防范措施,有关部门精心组织,细心安排,在近半年的培训期间,没有发生一起事故,圆满地完成了培训任务,受到社会的好评。

安全责任全员承担。该苑为了让每个员工承担安全责任,实施了签订三级安全责任书的工程。该工程为主管局与苑部签订一级安全责任书,苑部与部门签订二级安全责任书,部门与员工签订三级安全责任书,这样以契约的形式规定了每个员工的安全责任,苑部和部门还不定期地组织员工学习安全责任书的内容,抽查执行安全责任书的情况。安全责任书的签订,提高了员工的警惕性和安全的责任意识。一天中午,保卫部的左九林同志正在博物苑北门前的濠南路上行走,发现博物苑北围栏外有几个人鬼鬼祟祟的,身旁地上有几堆实实的麻袋包。他见状产生了警惕,便上前大喝一声:"你们干什么?"那几个人听到喊声,吓得连忙逃走了。原来这几个人利用中午没人的机会偷了苑内一处房屋维修工地的脚手架上的紧固件,想去卖钱,不巧被警惕性高的左九林同志发现了,左九林为施工队挽回了损失,受到苑里的通报表扬。该苑像这样的事例还有不少,员工通过

签订安全责任书,提高了安全意识,为安全工作作出了更大贡献。

安全活动全力开展。该苑为了提高员工的安全意识,筑牢安全的头道防线,还经常开展系列安全活动。例如召开安全例会,进行安全检查,组织安全培训,刊出安全简报,举办消防运动会,实施应急预案演练等。这些活动的开展,使员工思想上绷紧了安全第一这根弦,他们开展工作前想着安全,开展工作中注意安全,工作结束后检查安全,保证了各项工作的安全度。社教部有一次出外办展览,虽然运送的藏品不是等级品,本来只要苑内保卫人员跟车就可以了,但他们从安全度考虑,还是不放心,请示苑领导建议请市公安局派警车押送。苑领导当即与市公安局领导联系,请求并得到了支援,社教部也安全地办好了这次展览。

二、制度上严格要求,规范安全的基本防线

任何工作,只有靠制度来约束和规范,才能长久地、持续地、稳定地向前发展,博物馆的安全工作也不例外。博物馆在日常工作中制订和执行安全制度,是安全工作规范化管理的一个重要环节,也是保证其安全运转的基本防线。这方面,博物馆应该做到以下几点:

一是在工作中扩大安全制度的覆盖面。一般说来,博物馆都有安全制度,但安全制度的多与少,覆盖了工作的多少面,在各个博物馆之间却是不同的。一个重视安全工作的博物馆,其安全制度必然覆盖工作的方方面面,而且工作延伸到哪里,制度就制订到哪里,保证上下层面、平行部门之间工作上都有规定可作依据,可以形成互相配合、互相监督的局面,促进工作的正常开展。南通博物苑安全制度实现了对工作的全覆盖。2006年该苑范氏诗文世家陈列馆开馆,苑领导立即叫保卫部制订该馆安全管理制度,规范工作程序和管理规定,保障正常开放。该苑在工作中认识到,外来施工人员在本苑承接施工项目,如不加强管理也有可能发生安全事故,于是他们制订了《外来施工人员的管理制度》,规定保卫部负责对外来施工人员的信息收集和管理工作,督促外来施工人员文明施工、安全施工。近几年来,该苑没有发生一起因项目施工引起的安全事故。

二是在实践中完善安全制度的规范度。安全制度的内容不是一成不变的,有了安全的新标准、新要求,安全制度的内容要跟着完善;工作内容有了变化,安全制度的内容也要有所变化;安全制度在执行中碰到矛盾,有些规定不切合实际,其内容也需要修改、调整。各个博物馆在调整、完善安全制度时,一定要考虑本馆的实际情况,使制度切合本馆实际;一定要多倾听专家和实际工作者的意见;一定要注意个性化的内容,这样制订出来的安全制度才会更为完善、更符合规范、更切合实际、更便于执行。南通博物苑 2003 年制订了一套安全制度,随着情况和工作内容的变化,又于 2008 年对原有的制度进行了全面的调整、补充、修改和完善,使安全制度更加规范。2005 年他们启用了地下新库房,原来规范地上库房的安全制度已不适用于地下新库房了,就立即着手制订《地下新库房安全管理制度》。苑保卫部在制订过程中,召集相关部门人员进行座谈,听取意见,了解新库房的特点,在此基础上,对照有关标准制订了安全制度,为新库房的正常使用提供了规定。

三是在考核中提高安全制度的执行力。安全制度的不断制订和修改是一个方面,自觉执行是更为重要的另一个方面。笔者认为,可以运用考核这个手段来提高安全制度的执行力。博物馆在考核安全制度的执行情况时要建立完善的考核体系:馆长考核副馆长,分管领导考核分管部门,部门领导考核部门个人,并以全馆的安全情况考核馆长,全馆每个人员都被纳入考核的范围,不留考核的盲点。考核内容要全面,对安全工作认识的深度、宣传的力度、制度的执行度、举措的完好度和台账的规范度等都应列为考核的内容。考核形式可参考有关企业的做法,成立考核组,考核组成员由主要领导、分管领导、有关部门的领导和职工代表组成,每年至少考核两次,考核时通过听汇报、看台账、开座谈会等形式了解情况,然后进行综合打分,确定考核部门和个人的安全工作优劣等次。考核时要公正、公平,考核结果要同奖惩、职务升降等挂钩,并实行安全一票否决制。

三、工作上四防并举,构成安全的立体防线

四防并举是指博物馆在安全工作中将人防、物防、犬防和技防同时运用起来,这样可以构成安全的立体防线。

人防是四防并举的基础,是四防中的决定因素。博物馆的领导在组织安防工作中,特别要重视安保人员的配备,保证安保人员的数量适应单位安保工作的需要。单位领导还要定期组织安保人员进行学习、培训和演练,以期不断提高安保人员的思想素质和安保本领,帮助安保人员真正成为单位的坚强卫士,这是做好其他三防的基础和决定因素。南通博物苑重视人防的决定作用,安全保卫部配有 14 名安保人员,另聘用了 35 名保安人员,这些人员担负起全苑的安保工作,实现了人防的全覆盖,他们还安排苑领导和中层干部分别轮值夜班和中班,实现了全苑 24 小时都有干部带班负责安保工作,保证了工作的有序、顺畅和安全度。

物防和犬防是四防并举的辅助,是四防中的重要因素。物防是在人为侵犯较为容易的地方通过增设物质屏障来进行防范的一种手段。博物馆在安防工作中不可忽视物防工作,有条件的单位还可以驯养狼狗,进行犬防。在进行物防工作中,一要全面、细致,需要进行物防的地方一个也不要漏掉;二要因地制宜,什么地方用什么物质屏障,要科学设置,尽力做到设防的合理、有效;三要严把质量关,屏障的材质要合格,安装时要请有资质的公司规范操作。南通博物苑地上库房虽然内外都装有报警装置,但仍用铁围栏将库房围起来,与参观区隔开,夜间还在库房围栏内放入狼狗,加强防范,围栏外还有保安的定时巡逻,这样人防、物防、犬防和技防共同运用,形成了安全的立体防线,确保了安全防范的万无一失。

技防是四防并举的支撑,是四防中的关键因素。技防是近代科学技术用于安全防范领域并逐渐形成的一种独立防范手段,是人防和物防功能的延伸和加强。现在,越来越多的博物馆已经用上了技术防范手段,并将技防同人防、物防等融合在一起发挥作用,起到了较好的效果。笔者根据南通博物苑技防工程这几年运行的情况,提出一些注意事项供同行参考。一是坚持请有资质的专业公司进行技防工程的设计,设计的方案要符合国家技术规范;二是坚持就近的原则,确定合作单位以本地的专业公司为好,且方案设计和安装施工最好是同一家单位;三是坚持使用单位派员参与安装施工的全过程,以便熟悉情况,利于日后的管理;四是坚持同步考虑建筑防雷、通讯防雷和电器防雷的设施;五是坚持安排监控室人员要启用年轻人,还要考虑文化和专业知识水平;六是坚持就近落实一家维护保养单位,负责技防工程的日常维护;七是坚持有了技术防范手段,绝不能忽视人防、物防、犬防的作用,要四防并举,形成安全的立体防线。

面向公众教育服务的数字博物馆

——以温州数字博物馆为例

王光宇

一、教育是博物馆的首要功能

"博物馆是一个为社会及其发展服务的、向公众开放的非营利性常设机构，为教育、研究、欣赏的目的征集、保护、研究、传播并展出人类及人类环境的物质及非物质遗产。"这是国际博协最新修订后的有关博物馆的定义，比较修订前的定义，其中最显著的变化就是将教育的目的调整至首位，替换多年来将研究置于首位的认识。从表面上看，这仅仅是表述语序的一种调整，实际上这反映出了博物馆教育功能的提升，更加着重强调了博物馆教育的目的。也就是说，博物馆的一切业务工作都要以教育为核心，在教育的理念下开展工作。收藏、研究、展出是博物馆的三项基本职能，收藏的文物、研究的成果、展出的展览最终都是要为教育目的的实现而服务。然而，当前一些博物馆业务工作的开展还未适时地、相应地做出调整，收藏的文物还深藏在库房中，研究的成果还仅局限于文章的发表，展出的展览还不能满足观众的参观需求。

二、面向公众的博物馆教育服务体系

博物馆教育是学校教育以外的另一种教育形式。一方面，它与学校教育一样，都是向教育对象传播知识文化信息，为教育目的的实现而开展各项教育活动。另一方面，它又不同于学校教育，具有博物馆教育自身独有的特征。

（一）教育对象

博物馆的教育对象来自社会的各个阶层，年龄、知识水平、学习需求差异性大，学习时间比较分散，主要通过自主性参观来实现学习目的。而学校的教育对象在年龄、知识水平、学习需求方面较统一，学习时间比较集中，主要通过课堂上教与学来实现学习的目的。

（二）教育内容

博物馆教育的内容是可移动文物、不可移动文物和非物质文化遗产所蕴含的知识文化信息，侧重提升教育对象对文博和非物质文化遗产等方面的知识。而学校的教育内容是各学科的教科书所包含的知识信息，注重提升教育对象的综合知识。

（三）教育主体

博物馆教育的主体是博物馆工作人员和博物馆志愿者，需要他们对教育内容进行研究和开发，通过陈列展览等形式向观众传播文物和非遗工艺所蕴含的知识文化信息。而学校教育的主体是教师，需要他们对教材进行备课，对教科书的知识文化信息进行加工，通过课堂教学等形式向学生传播知识文化信息。

（四）教育手段

博物馆教育的开展首先要以实物为基础，组成形象化的陈列展览，然后才能开展各种教育活动。教育对象通过参观陈列展览获取相应的知识文化信息。而学校教育是以教科书记载的信息化的文字为基础，主要通过教师的课堂教学，向教育对象传播知识文化信息。博物馆教育相比较学校教育更直观、更形象化。

博物馆教育和学校教育都是教育的不同形式，它们的教育目的是相同的，都是向教育对象传播知识文化信息，从而提升教育对象的文化素养。从博物馆教育服务体系来看，内容、主体、形式、对象构成了博物馆向观众传播知识文化信息的知识链。教育服务的主体首先对教育内容进行研究和挖掘信息，然后通过以陈列展览为主的不同的教育形式向教育对象即观众传播文博及非遗方面的

知识文化信息。在整条知识链中,缺少了任何一个环节,都将会中断知识文化的传播过程。

现阶段,仅凭实体博物馆提供的教育服务已经无法满足观众多样化的参观需求,博物馆教育的职能未能得到充分的发挥。在信息技术迅猛发展的今天,通过网络技术打造数字博物馆将是实体博物馆教育服务体系的重要补充。

三、面向公众教育服务的数字博物馆

（一）什么是数字博物馆

博物馆信息化进程经历了博物馆数字化、博物馆上网到数字博物馆的不同阶段。博物馆数字化是指在博物馆一些单项具体工作中利用计算机技术对数据处理的过程,是对博物馆资源利用的具体手段的称谓。博物馆上网是指博物馆利用网络来架设、设计一个提供咨询服务的网站,公众可以通过网页寻找自己想要的资料,或者通过留言板和论坛等向博物馆提出问题并寻求解答。目前,数字博物馆还没有统一的定义。笔者认为,数字博物馆应该是实体博物馆在数字化和上网的基础上,进一步借助网络技术和多媒体技术实现博物馆基本功能在网络上的充分体现。数字博物馆除具备实体博物馆的相应的基本功能外,还应该具备以下一些特征:(1)海量的藏品信息存储;(2)门类齐全的资源内容;(3)丰富的资源呈现方式;(4)跨时空的信息资源表示;(5)藏品资源的全球共享;(6)个性化的信息资源服务。

（二）数字博物馆是博物馆教育服务体系的重要补充

1. 数字博物馆扩展了教育服务的资源内容

虽然实体博物馆拥有丰富的可移动文物的信息资源,但社会公众接触到的文物信息仅仅是其中的一小部分。一方面,由于展厅场地面积有限,实体博物馆不可能将库房中所有的藏品一一向公众展示,即使展出的藏品也仅仅包含名称、年代和质地等简单的基本信息。另一方面,由于文物安全方面的考虑,公众也不可能自由出入库房选择浏览。数字博物馆可以很好地解决实体博物馆陈列展览场地受限的问题,只要网站空间允许,可以将整个库房搬到网上,观众可以无障碍地进出"库房"自主选择了解需要的藏品信息。

一般情况下,实体博物馆只包含馆藏的可移动文物的信息资源,不可移动文物的信息分散于不同区域的文物保护单位,非物质文化遗产的信息则分散于各个非遗传承人那里。博物馆的展览较少会涉及不可移动文物和非物质文化遗产,即使有也是以某个主题展览的形式集中进行展示,随着撤展,公众就接触不到这方面的信息资源。根据新修订博物馆的定义,博物馆的教育资源应该包括不可移动文物和非物质文化遗产相关的信息资源。数字博物馆很好地整合了分散于不同信息源的教育资源,在数字博物馆进行集中永久地展示。

2. 数字博物馆展示了教育主体的研究成果

现阶段,博物馆工作人员对博物馆教育资源的研究主要体现在对可移动文物的信息采集上。文物信息的采集经历了纸质建档、使用计算机电子建档、使用藏品信息系统建档三个不同的阶段。特别是馆藏信息采集系统的投入使用,信息资源以数据库的形式呈现在研究者前面,资料的存储、调用非常方便,大大加强了对藏品账务、业务资料的管理,也提高了工作效率。

目前,绝大多数博物馆都使用馆藏信息采集系统建立了内容丰富的藏品信息数据库,采集的文物信息包括文物的基本信息、藏品研究信息、藏品保存信息、藏品修复信息等等。然而,这些信息绝大部分还局限于博物馆的研究人员内部使用,未对公众开放。社会公众通过参观展览只能接触到其中极少一部分的藏品的部分信息,公众想获取更多的知识信息的需求不能得到进一步的满足。

现在,教育资源的研究还比较分散。博物馆研究人员局限于对馆藏的可移动文物的研究,考古所研究人员则注重不可移动文物的研究,非物质文化遗产的信息资源则掌握在传承人的手里,这就造成研究人员的研究成果比较独立,缺少共同展示的平台。数字博物馆为研究人员提供了很好的研究成果的展示平台,它可以很好将分散的信息资源整合在一起,形成相应的学习主题,供社会公众自主选择学习。

3. 数字博物馆丰富了教育服务的展示手段

通过数字博物馆,设计者可以充分发挥创意,运用多媒体手段大胆进行设计,及时推出最新展览和精品。公众则可以近距离多角度地用鼠标"触摸"每一件藏品,细细品味,与精品来一次近距离的亲密接触。多媒体技术可以将传统的静止、呆板和简单的陈列展览模式,用声音、图像、动画

等多种手段,丰富、生动、逼真和形象化地呈现给观众。路途遥远,时空阻隔,难以亲临实体博物馆的人们则可以在数字博物馆里遨游:或了解某个博物馆的历史,或欣赏某个博物馆的著名珍藏,或参加一次虚拟探险,或参与某个有趣的游戏和活动。虽不如亲临实体博物馆的真实体验,但数字博物馆提供的广阔视野和对博物馆文化生动、深度的阐释,加深了人们对博物馆的了解和热爱,促进了博物馆文化的影响和传播,从而也赢得了社会对博物馆的关注和支持。临时展览从策划开始经历了布展、开幕式、展出及撤展等若干环节,每个环节都需要工作人员付出精心的劳动。随着撤展,这些劳动成果仅停留于较离散的文字和图片上,而这些文字和图片很难诠释临时展览的整个过程。通过数字博物馆,可以很好地将文字、图片、声音和影像等素材整合到一块,经过知识重组,构成一个比较完整的主题资源。数字博物馆可以很好地呈现博物馆历年举办过的展览,很好地记录了展览的整个过程,公众则可以通过临展网随时随地获取展览的相关信息。同时,还可以运用计算机技术建立"虚拟展厅",可以将因场地和经济原因无法引进的展览变为现实,更可以将世界上著名博物馆的精品展览通过虚拟展厅进行集中展示。

4. 数字博物馆满足了教育对象的参观需求

数字博物馆是实体博物馆向外打开的另一扇窗口,实体博物馆的丰富资讯得以从这个窗口传递出去,社会公众的需求、意见可以从这扇窗口传递

进来,大大促进了博物馆与社会公众的沟通,密切了与社会公众的联系,也加强了公众对博物馆的了解。数字博物馆丰富的收藏,高品质的展览和虚拟呈现的迷人的或震撼的场景,以及生动有趣的节目、活动等,激发了人们参观、体验真实博物馆的兴趣和愿望,进而成为实体博物馆的真实观众。数字博物馆是进行远程教学的课堂。数字博物馆可借助互联网和数字技术的各种优势进行交互式远程教学和单项式远程教学,使实体博物馆的教育职能得以更大发挥。公众的参观需求是有差异的,这种差异表现为同一时期不同公众之间或同一公众不同时期的差异性。公众都希望能看到自己需要的展览。通过数字化技术,依照公众的不同需求,制作人员可以按类别分层次制作展品的相关信息资源。公众通过临展网则可以自主选择浏览符合自身需求的展品信息资源。这样,即使观众群的差异性再大也,也可以从数字化资源中获取自己需要的内容。

四、数字博物馆的构建——以"东瓯慧光"温州数字博物馆为例

"东瓯慧光"温州数字博物馆是一个没有"围墙"的博物馆,它突破了时间和空间的限制,社会公众可以自由出入,自由选择获取相关的知识信息,它是温州博物馆教育服务体系的一个重要补充。它需要通过开发、设计、研究者们齐心协力将温州的可移动文物、不可移动文物和非物质文化遗产的各种资料收集起来,转换为数字形式,上传到数字博物馆上。

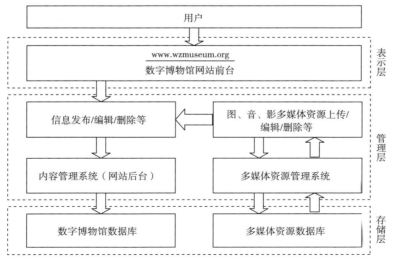

图一　温州数字博物馆体系架构

通过各种信息技术,以形式多样的方式呈现。面向公众的数字博物馆方便社会公众学习文物和非物质文化遗产知识,为群众提供丰富的文化学习资源,文、图、音、影多媒体展示形式具有强大吸引力。

（一）体系结构

温州数字博物馆的体系架构,用于指导开发数字博物馆的实际操作过程,完成指定功能。该体系架构包括数字博物馆建设过程中涉及的方方面面处理功能,覆盖资源的录入、管理、存储及展现的整个过程,自底向上分别为存储层、管理层和表示层,如图一所示。

1.存储层

存储层采用了关系型数据库与文件系统存储相结合的方式存储所有信息。数据库中保存数字资源的元数据及文本信息,原始文件存储在相应的文件夹中。

2.管理层

管理层是提供信息资源的管理功能。其中数字博物馆内容管理系统负责对文本资源的管理,多媒体资源管理系统负责对图片、音频和视频等多媒体资源的管理。

3.应用层

不同类型的信息资源通过整合、发布,在前台网页上展示,用于终端用户的浏览和学习。这些信息按照一定的方式展示,分成栏目形式、搜索形式。

（二）关键环节

1.栏目设置

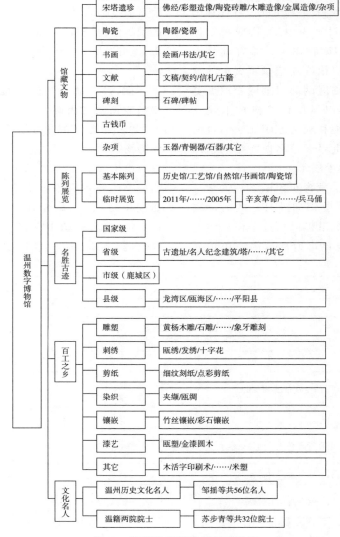

图二 温州数字博物馆栏目设置

2. 信息的采集

数字博物馆中需采集的信息资源包括文本资源、图片资源、视频资源和音频资源等。文本资源中的藏品相关的信息以馆藏信息管理系统采集的数据为依据，通过技术手段批量迁移至数字博物馆，这大大降低了工作人员手工录入的工作量，避免了重复劳动。其他文本资源通过数字博物馆后台开辟的多用户操作模式，多人同时登录后台手工录入完成。同时，使用光学字符识别系统将扫描获得的文本图稿转变成相应文字的内码，这将大大提高文字资料的录入效率。图片资源主要采用数码相机和扫描仪进行获取。数码相机用于实物类对象（陶瓷等）的拍摄，扫描仪多使用在平面类对象的采集（文献等）。视频资料主要使用数字摄像机自行拍摄，也可以使用数字图像和数字音频资料用视频编辑软件进行制作。音频资料主要安排专业人员进行讲解录音，并选取背景音乐，进行混音合成。

3. 首页的编制

首页在网站设计中发挥了引领的作用，主要通过多种元素给人视觉、听觉的冲击。数字博物馆的首页采用了 Flash 播放形式，表现为配有古琴背景音乐、文字、图像混合类型的动画呈现形式。首页背景取自极具地方历史文化特点的温州"光绪八年城池坊巷图"，整体色调为暖色，以墨绿色为主，灰色为辅。首页效果图如图三所示。

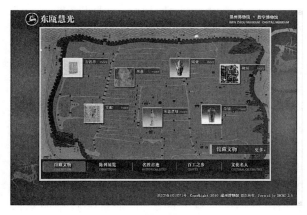

图三　温州数字博物馆首页

首页有序布局呈现整个网站所要展示的主要栏目和重点内容。点击首页的不同栏目，可实现在首页的不同栏目间的跳转。首页的制作过程有以下三个主要步骤：一是在 Photoshop 软件平台上对首页界面进行总体设计，包括色彩搭配、字运用、

LOGO 制作、导航标记设计、版块划分等，经过反复调整，确定界面格局；二是运用 Flash 动画制作软件，制作首页的动画效果；三是利用可视化 FrontPage 网页制作软件，综合首页的各个元素，生成首页。

4. 信息的管理

温州数字博物馆原型后台管理采用了ASP. net＋SQL 数据库技术，实现信息的动态发布与管理。考虑到系统的可操作性和可扩展性，后台管理细分为十个模块，分别是工作台、文章、文件、广告、反馈、用户、外观、插件、工具和设置。其中信息的发布和管理（文章模块）是本后台的核心模块。后台管理界面如图四所示。

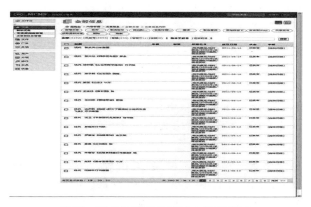

图四　温州数字博物馆后台管理界面

目前的数字博物馆内容管理系统只具备了文本信息（包括文本资源、图片地址信息、视频地址信息、音频地址信息等）管理的功能。随着各项数据逐步的增多，除文本信息外的其他多媒体资源则缺少一个专门的管理系统。因此，在构建温州数字博物馆的时候，我们采用多媒体资源管理系统统一负责管理除文本资源外的图片、视频、音频等多媒体资源。多媒体资源管理系统后台管理界面如图五所示。

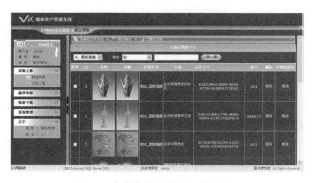

图五　多媒体资源管理系统界面

在该系统中可以实现对多媒体资源成批上传、编号、存储、管理、查询、删除、下载等多种操作，大大提高了对数字博物馆中多媒体资源的管理效率。从而形成了数字博物馆内容管理系统对文本信息（包括文本资源、图片地址信息、视频地址信息、音频地址信息等）的管理，多媒体资源管理对多媒体资源本身的管理。同时，还需要对上传的多媒体资源在本地进行预处理。图片的处理主要是经过适当的剪裁与效果处理等操作，通过对图的尺寸大小、对比度、明暗度、色彩饱和度等一系列指标进行调整，以使图片达到最佳效果。常用的图处理软件有 Photoshop 等。音、视频的处理主要是经过适当的剪辑、加工、格式转换等操作，通过添加背景音乐、添加字幕、压缩等处理达到理想的最佳视听效果。常用的音频处理软件有 CoolEdit 等，常用的视频处理软件有 Adobe premiere 等。

（三）功能模块

温州数字博物馆由馆藏文物、陈列展览、名胜古迹、百工之乡和文化名人五个模块组成。

1. 馆藏文物

馆藏文物下设宋塔遗珍、陶瓷、书画、文献、碑刻、古钱币和杂项七个二级栏目，共包含 1526 件藏品。点击"馆藏文物"，观众可以自由进入"库房"提取古钱币、书画、陶瓷、碑刻等七大类文物仔细观赏，每一件藏品，数字博物馆都采用了文、图、音、影多媒体的方式进行了全面的诠释，满足观众多样化的欣赏需求。通过文，观众可以了解到藏品的基本信息和蕴含的文化信息。通过图，观众则可以欣赏到不同方位的藏品图，点击大图甚至可以与藏品来一次亲密的接触，高清展示图将展现文物不同角度，通过鼠标滚轮放大几十倍看细节，近距离地欣赏每一件藏品。通过音，观众可以享受到专业讲解员一对一的讲解服务。通过影，观众可以获取更多有关藏品背后的故事。数字博物馆一大优势是观众可以"拿着放大镜"看文物，并能了解文物背后的故事。

2. 陈列展览

陈列展览下设基本陈列和临时展览两个子栏目。

基本陈列包括历史馆的"温州人——一个生存与开拓的故事"、工艺馆的"白象塔的故事"、自然馆的"走进大自然"以及书画馆和陶瓷馆。同样，文、图、音、影仍会带给观众全方位的视听享受。通过文，观众可以了解到基本陈列的总体概况。通过图，观众则可以欣赏到基本陈列的各个场景。通过音，观众可以了解到某个场景的精彩介绍。通过影，观众则可以获取更多有关基本陈列的信息。这里特别介绍一下"游"。点击"游"可以全景漫游温博，观众如同亲临实体博物馆的各个展厅，可以体验到参观实体博物馆基本陈列的真实感觉。

临时展览包含了从 2005 年至 2011 年历年在温博举办过的各种临时展览，在这里观众既可以欣赏到当前的正在展出的临时展览又可以回顾已经撤展的展览。"纪念辛亥革命一百周年——图片文献与馆藏名人墨迹展"是温博在 2011 年 5·18 国际博物馆日对外开放的一个展览，在三楼的临展馆展出。该展览设置了展览概况、精品赏析、背景知识和媒体宣传四个栏目。通过展览概况栏目，观众可以了解到展览的开幕情况及展厅内景等信息。通过精品赏析栏目，观众则可以近距离地欣赏到本次展览的精品。通过背景知识，观众可以获取更多的与展览相关的知识信息。媒体宣传则是文博权威网站及温州主流媒体对此次展览的宣传报道。"世界第八大奇迹——秦始皇兵马俑大型国宝文物珍品展"是温博 2005 年举办过的一次大型的临时展览，现在早已撤展。然而，通过数字博物馆则可以重新回到展览现场，重温本次展览的精彩瞬间，不再为错过展览而遗憾。

3. 名胜古迹

根据国际博协最新对博物馆的定义，不可移动文物的信息也是博物馆教育服务的内容之一。温州的不可移动文物分布于温州各个县（区、市），除了为数不多的国家级和省级重点文保单位有专门机构和专人管理以外，更多的还是处于无人管理的状态，特别是一些地处偏远的不可移动文物。第三次全国文物普查为全面调查全市的不可移动文物信息提供了良好的契机，通过普查全面掌握了全市不可移动文物特别是新增不可移动文物的数量、分布、特征、保存现状、环境状况等基本情况，为今后的保护和研究奠定了基础，丰富了不可移动文物信息资源，有利于公众获取更多的不可移动文物的相关信息。

目前，名胜古迹栏目下设国家级、省级、市级和县级四个子栏目，包括温州全市区域内共计762处的各级文物保护单位的信息资源，并以文、图、音、影多媒体的方式呈现。数字博物馆，整合了分散于各地的文保单位的知识信息，更可以以多媒体的方式集中展示。在这里，观众既避免了奔波各地的舟车劳顿，又满足了自己的参观需求。比如，观众想获取国家级重点文物保护单位"泰顺廊桥"的信息。通过点击国家级栏目下的泰顺廊桥，有关廊桥的知识信息，将以文、图、音、影的多媒体方式集中呈现在观众眼前。观众即使未去过泰顺，通过数字博物馆也可以全方面获取有关廊桥的一些知识信息，面对如此美景，更会激发观众亲自去泰顺看廊桥，游廊桥的兴趣。

4. 百工之乡

根据国际博协最新对博物馆的定义，博物馆教育服务的内容还包括非物质文化遗产。温州素有"百工之乡"之称。民间艺术有着悠久的历史，且不断传承和演化，使温州的民间艺术生生不息，技艺精湛，品类繁多，精巧、细腻、雅致是温州民间艺术一大特色。千百年来，温州的民间艺术家们，在继承中不断创新，他们运用不同的材料，不同的技法，在这些多姿多彩的作品中，巧妙地把温州的人文和地域特色表现了出来。温州人历来心细手巧，民间工艺人才辈出，除已故的晚清名艺人朱子常、近代名艺人叶润周、王凤祚、王培珍、谢香如、林岩福、吴克众等老一辈大师外，新中国成立后涌现出了一大批名艺人，他们的作品把握着未来，是温州乃至浙江民间艺术的希望之所在。

目前，在温州，世界级的非物质文化遗产项目4项，国家级非物质文化遗产项目17项，省级非物质文化遗产项目78项，市级非物质文化遗产项目227项，以及县级非物质文化遗产项目900余项。

其中，黄杨木雕是极具代表性的一项非物质文化遗产。在本栏目中，观众不仅可以欣赏到黄杨木雕的工艺作品，更可以了解到黄杨木雕的工艺流程。

5. 文化名人

温州是人才辈出的一方热土，孕育和培养了一代又一代的文化名人。文化名人已经不仅仅是一种精英称号，更蕴含了丰厚的文化教育资源。通过温州名人文化资源的搜集、整理、研究与开发，不仅凸显了文化名人效应，而且保护和开发了名人相关的文物古迹和非物质文化遗产。通过宣传文化名人，让更多的社会公众了解温州蕴藏的深厚历史文化资源，以此弘扬民族精神和文化名人的优秀品格。

文化名人模块下设温州历史文化名人和温籍两院院士。历史文化名人以今天温州行政区域为主，历史地理上温州所辖区域为辅；以出生（或祖籍）在温州的名人为主，在温州长期生活或供职的外地名人为辅。温籍两院院士包括温籍的中国科学院和中国工程院的院士。通过文化名人栏目，观众不仅可以了解到名人的社会交往、社会活动及个人生活，还可以欣赏到名人的书画作品及著作等。观众通过了解名人、认识名人，以名人为榜样，激励自己好好学习，积极向上。

参考资料：

王宏均《中国博物馆学基础》，上海古籍出版社，1990年

张妮佳、张剑平《数字博物馆及其教育价值初探》，吉林教育出版社，2007年

孟中元《对数字化博物馆的认识与思考》，《中国博物馆》2000年第2期

宋向光《国际博协"博物馆"定义调整的解读》，中国文物信息网：http://www.ccrnews.com.cn/100014/100015/23437.html，2009—04—09

博物苑里的动物明星

——苑藏珍稀动物标本特展及其影响

陈　玲

春节、元宵节是我国重要的传统节日。为弘扬中华民族优秀传统文化,活跃节日期间群众文化生活,奏响"我们的节日·春节"主题系列活动的主旋律,2011年2月1日,南通博物苑在南通久发绿色生态园举办了"博物苑里的动物明星——苑藏珍稀动物标本特展"。这次展览旨在向关心博物苑发展、对博物苑征集标本给予帮助的社会各界汇报南通博物苑百年苑庆以来标本征集、制

作工作所取得的成绩;并以此进一步引起人们对博物苑自然博物工作的关注与重视。整个展览由"神秘海洋"、"热情沙漠"两大主题构成,展出了南通博物苑从百年苑庆5年来征集、制作的900余件自然标本中精选的17件珍稀动物标本,其中更包括了只能在大型动物园和海底世界才能见到的动物明星长颈鹿、非洲狮、鸵鸟、海豚、白真鲨、海龟等。本文选取部分精品作一简介以飨读者,再就展览对博物苑事业的发展产生的积极影响谈几点粗浅的看法。

一、特展精品简介

长颈鹿　Giraffa camelopardalis eticulate

长颈鹿,顾名思义,就是颈部特别长的鹿类动物。身高可达6～8米,是世界上最高的动物。它们栖息于稀树草原或有树木的大草原中,主要分布于非洲撒哈拉沙漠以南,是非洲特有的珍奇动物。

长颈鹿皮肤上的斑纹最有特色。不同长颈鹿的皮肤底色不同,斑纹颜色从亮红棕色到黑棕色都有,具有明显的轮廓,就如同人的指纹一样,每一只

图一　特展场景

图二　特展场景

图三　长颈鹿

长颈鹿身上的斑纹千变万化,随着年龄的增大,这种斑纹的颜色会加深一点。根据斑点花纹的不同,长颈鹿可被分为9个亚种,即网状斑长颈鹿、努比亚长颈鹿、乍得长颈鹿、乌干达长颈鹿、马萨伊长颈鹿、辛巴威长颈鹿、安哥拉长颈鹿和开普敦长颈鹿。

雌长颈鹿五岁时成熟,开始生育第一胎幼鹿。我苑收藏的长颈鹿标本,为雌性,体高3米,4岁,应为长颈鹿的幼体。该鹿因晨起站立时脚下打滑,致长颈打在食槽上折断而亡。2009年11月15日,向南通市文峰公园动物园征集,当月由本苑自然部承担制作重任。因该长颈鹿为意外死亡,故表皮相当完整,且制作精良,实为难得的收藏珍品。

关于该长颈鹿品种的问题,我们也进行了多方考证。目前,我国动物园中常见的长颈鹿属于分布在东亚的亚种,称为网状斑长颈鹿。从皮肤上的斑纹特征看,我苑收藏的长颈鹿即为网状斑长颈鹿,或者称为索马里长颈鹿。

非洲狮 Panthera leo persica

狮子是猫科中最大的动物,共有13个亚种,其中2种已灭绝,因主要分布在非洲一些地区,故又称为非洲狮。非洲狮被人们誉为"兽中之王",这不是因为它的凶猛和巨大,而是因为它那洪亮的吼声和威武的雄姿。可以说,非洲狮气压群雄,处处都有王者风范。

狮子是唯一过着群居生活的猫科动物,它们的"组织纪律性"很强,经常十余只甚至二三十只生活在一起,构成一个大家族。最有战斗力的雄狮被推为"首领",其余的狮子都会听它指挥。

雄狮、雌狮和幼狮是很容易分辨的。雄狮的个头比雌狮大,长着满头满颈黄褐色的鬣毛,使得本来就大而阔的头脸更加阔大了,一派威风凛凛

的样子;雌狮个儿较小,没有鬣毛;出生6个月后的小狮子身上长有斑点。

我苑收藏的非洲狮标本为成年雄性,因年老,死于心血管病,除颈部鬣毛有所缺失外,其他相当完整。2005年2月18日向南通市文峰公园动物园征集,当年特邀天津自然博物馆剥制专家领衔制作,复活了非洲狮的凛凛雄风。

目前,受环境因素以及狮子本身的受孕机率不高等因素影响,非洲狮的数量在急剧减少。据了解,我国仅几个大型的专业类自然博物馆藏有非洲狮剥制标本,且数量较少,故而该标本也堪称弥足珍贵。遗憾的是,我苑收藏的非洲狮标本受资料限制,尚未定名到种。

红颈袋鼠 Macropus rufogriseus

袋鼠为哺乳纲有袋目袋鼠科动物,因雌性袋鼠有一个育儿袋而得名。它是袋类动物中的主要类群,全世界大约有60种,大多分布在澳大利亚东南、西南一带的草原、山地及灌木丛中。其中,大袋鼠已成为澳大利亚的象征。

图五 红颈袋鼠

图四 非洲狮

图六 小红颈袋鼠

红颈袋鼠是一种中等体型的袋鼠，因颈部和两肩之间微闪红色而得名。它们的后肢强壮，善于奔走、跳跃，前肢短而细，只有在吃草时才会着地。红颈袋鼠擅长跳跃，不仅能跳跃前进，而且能越过2米高的篱笆或7米宽的壕沟，有"跳远专家"的美誉。

袋鼠的繁殖很有意思。新生袋鼠很小，只有约2.5厘米长，浑身通红、无毛，眼睛和耳朵都闭着，十分难看。它从母兽的泄殖孔出生，顺着母体的尾巴爬到有袋骨支持的育儿袋里。一进育儿袋，它就四处找乳头，抓住4个乳头中的一个便衔着，把身子挂在上面，继续发育成长。长到约160天时，才向外探出头来，200天以后，便开始离开育儿袋，到外面活动。

由于红颈袋鼠体型适中，非常适合动物园饲养、观赏，因而我国动物园中常见的袋鼠多为这一种。我苑收藏的这件红颈袋鼠标本，为雄性，因受雷电惊吓，在奔逃过程中撞碎保温房玻璃，划伤脚部继发败血症而亡。2009年11月20日，向南通市文峰公园动物园征集，随同征集的还有该袋鼠繁殖的刚能向外探头的小红颈袋鼠。红颈袋鼠虽没有大袋鼠名声远扬，但数量较少，因而非常珍贵。

鸵鸟　Struthio camelus

鸵鸟是世界上现存鸟类中最大的一种，高可达3米，受地域影响形成6种品系，大多生活在荒漠上有矮小灌木丛的地方。因野生鸵鸟主要分布在非洲的沙漠平原地带，所以又被叫做"非洲鸵鸟"。

鸵鸟的颈和腿都很长，头却很小；全身羽毛柔软，雄鸟体羽主要为黑色，翼羽和尾羽为白色，颈部呈肉红色，有棕色绒毛；雌鸟羽毛则是灰褐色或污灰色；只长两个脚趾且全部向前伸，这在鸟类中是独一无二的。鸵鸟是不会飞的鸟，但却是世界上跑得最快的鸟，脚趾下长着很厚的肉垫，可以任凭它在热带沙漠里以时速72公里的速度尽情奔跑，而脚底不会被热沙烫伤。常5～6只结群与长颈鹿、斑马、羚羊等一起活动、觅食，主要以草、种子、昆虫、小鸟等为食。

在繁殖季节，一般情况下，雄鸵鸟配3～5只雌鸵鸟，雌鸵鸟把蛋产在同一个巢内，每只雌鸵鸟产蛋6～8枚。鸵鸟蛋是所有鸟蛋中最大的，有20厘米长，体积相当于24个鸡蛋。孵蛋的重任主要由雄鸵鸟来完成，这是因为雄鸵鸟体色大多为黑色，孵蛋时不易被敌害发现。约六七个星期之后，小鸵鸟破壳而出，刚出壳的幼雏便能和亲鸟一起觅食，不需亲鸟饲喂。动物学家称这类鸟为"早成鸟"。

我苑收藏的鸵鸟标本，雌性，体高近2米，在换饲养舍时，因操作不慎死亡。2010年11月4日，向南通久发绿色生态园征集。制作解剖时发现腹中有成形的大蛋4枚。另据饲养员介绍，该鸵鸟正在产蛋中，可能因为人工饲养或刚产蛋的关系，每月只生一枚蛋。

糙齿海豚　Steno bredanensis

海豚，是对海豚科、喙豚科和长吻海豚科水生哺乳动物的统称。海豚家族中有三个种类：海豚、江豚和鼠海豚。它们是具有流线型小身材的鲸类，通常有轮廓分明的喙形吻部，以鱼和乌贼等为食，好群居。

糙齿海豚又叫皱齿海豚，它区别于其他海豚的主要特征是齿冠部有纵行的细皱状隆起，喙狭长，上下颌每侧有20～27枚表层具皱纹的牙齿，

图七　鸵鸟

图八　糙齿海豚

体侧和腹部有许多被原生动物及细菌寄生后所遗留的不规则的黄色或白色斑点。

目前，我国大型海洋水族馆等场馆用于表演、观赏的海豚多为宽吻海豚，因为糙齿海豚的种群数量远远低于宽吻海豚，更为珍贵。据专家研究，其实糙齿海豚甚至比宽吻海豚还要聪明。它们的智力很发达，理解能力很强，又具有好玩的本性。所以在人工饲养下，经过驯养，糙齿海豚也能进行"唱歌"、"顶球"、"跳舞"、"钻火"等特技表演。另外，由于糙齿海豚能在很短的时间内就从较深的海底浮上水面，所以，它们也是海洋工作者的好帮手，对人类的深海作业有很大帮助。

2009年7月22日，有消息称吕四渔民在吕四港出海4～5小时路程的129海域捕到一条误入渔网的海豚，后请渔民送达博物苑。经鉴定，该海豚为珍稀的糙齿海豚，雌性，体长2.5米。糙齿海豚为我国二级重点保护动物，主要分布于大西洋、印度洋等热带至暖温带海域，我国江苏的黄海沿海、上海川沙附近的东海和南海水域偶见，但几乎未见报道。此糙齿海豚的获得，堪称地方资源的重大发现，填补了南通博物苑鲸类标本专题收藏的空白，为研究此类海豚的分布情况及种群繁衍提供了不可多得的实物资料。值得一提的是，该糙齿海豚的骨骼标本业已制作完成，不日将和观众见面。

白真鲨 Carcharhinus leucas

白真鲨是真鲨科的一种鲨鱼。因它们体形壮硕如牛，具有攻击性，故而又称牛鲨。雄性牛鲨可长到2.1米，雌性则更大，达3.5米。牛鲨生活在热带及亚热带海域，是唯一一种能在盐水和淡水两种环境中生活的凶猛鲨鱼。它们主要以其他鲨鱼等鱼类为食，还能从河流的入海口逆流而上，去捕食河马、犀牛、鳄鱼等水生动物，是鲨鱼家族中最凶猛、最令人闻风丧胆的鲨鱼之一，与大白鲨、虎鲨同列为最具攻击性、最常袭击人类的鲨鱼，被人冠以"海洋之狼"等称谓。

该牛鲨标本，体长2.07米，重约75公斤，雌性，是南通中泰海底世界为举办暑期"鲨鱼节"专门与上海海洋水族馆用生物互换而来，因运输途中，多次误撞到玻璃水箱受伤而亡。2009年7月1日征集，同月完成制作。

牛鲨可谓海底世界的动物明星，为了迎接这位尊贵的"客人"，海底世界制定了周密的方案，还专门为它定做了一只超大水箱，用于运输。当发现牛鲨不怎么动了，为了抢救它，海底世界专程从上海请来兽医救治。经过8小时的抢救，还是没有奇迹发生，但却使这条牛鲨成了博物苑的珍贵馆藏。

中华鲟 Acipenser sinensis

中华鲟是我国特有的古老珍稀的鲟形目鲟科鱼类，有"活化石"之称。大的个体长可达4米多，体重逾千斤，为世界27种鲟鱼之冠。它体表无鳞，有5行大而硬的骨板，在它的腹面，有一呈横列的口，口前还有2对吻须，以浮游生物、植物碎屑等为食。

中华鲟是生在江河里，长在海洋中的大型洄游性鱼类。每年春末夏初从近海进入长江，奋力上游，行程3000多公里，直到水流湍急和砾石河床的金沙江一带。中华鲟在那里整整停留一年，至第二年的9～11月产卵，当年孵化的仔鱼于翌年春末夏初顺江水随波下行，在咸淡水交汇的河口区停留一段时间，以适应海水环境，然后远征入海。生活在长江流域的中华鲟，大多体重在50公斤以上。

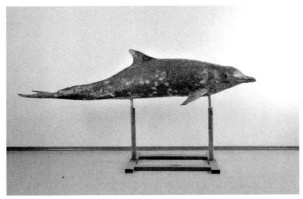

图九　白真鲨

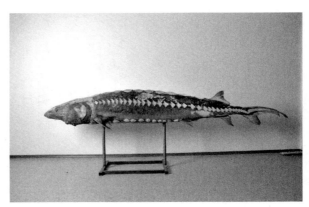

图一〇　中华鲟

由于中华鲟特殊的生活习性，长江水域水利工程建设使长江水流环境有了较大的改变，这给中华鲟生殖洄游造成了不良影响，同时环境的污染，航道、航船的增多等等，导致野生中华鲟资源锐减。

我苑现藏有3件体量较大的野生中华鲟标本。展出的这件中华鲟标本，体长达3.3米，除头部稍有伤口外，其余较为完整，2004年8月18日采集于苏通大桥B2工段江中。2005年特邀天津自然博物馆剥制专家领衔制作。该标本体量之大，较为罕见，现为博物苑自然标本藏品中的重量级藏品。

中华鲟全身都是宝，尤其在研究生物进化、地质、地貌等地球变迁等方面具有难以估量的科学、生态、社会和经济价值。中华鲟濒于灭绝，虽人工繁殖放流成功，但仍数量稀少，为我国一级保护动物。

绿海龟　Chelonia mydas

龟，为爬行纲龟鳖目动物。它们被人类视为最长寿的动物之一。这种动物背腹具甲，用以严密保护自身的各个重要器官。它们大多四肢粗壮而行动迟缓。龟大致可以分为三类：一是生活于海中的海栖龟，如绿海龟、棱皮龟等，其中很多种海龟都已濒临灭绝；二是主要生活于陆地的陆栖龟，如豹龟、六脚龟等；三是生活于淡水之中的淡水龟，如金龟、巴西龟等。

绿海龟，为海龟科动物，因其脂肪为绿色，故名。它是海产龟类中数量最多的一种。体型较大，重量可达200公斤。主要以大型海藻或海草为食，也食各种鱼类、甲壳类动物等。绿海龟并非每年都交配产卵，平均要2～5年才能再次交配产卵。但成年的绿海龟，不论漫游到哪里，每年都要千里迢迢返回"故乡"产卵。绿海龟为什么能准确地找到故地，目前还是一个谜。

绿海龟在我国江苏、浙江、福建、台湾、广东等地的沿海地带都有分布，尤以南海为多。近年来，由于滥捕乱杀和海洋污染的日趋严重，绿海龟的数量不断下降，被列为《国家重点保护野生动物名录》中Ⅱ级保护动物。

我苑收藏的绿海龟标本，体长1.35米，有桌面大，重约150公斤，估计年龄在50岁以上，死于喂食不当。2009年4月3日，南通中泰海底世界赠送。如此体量的绿海龟实属少见，为可遇而不可求的珍贵收藏。

湾鳄　Crocodylus porosus

鳄鱼不是鱼，为爬行纲鳄形目鳄科动物，因其像鱼一样在水中嬉戏而得名。现在世界上共有23种鳄类动物，全部生活在热带及亚热带地区。

湾鳄也叫海鳄，是世界上个头最大的鳄鱼。一条成年湾鳄体长多为4～6米，最长约10米，体重达1000公斤。湾鳄非常擅长游泳，主要栖息在红树林群落、小港湾及有潮汐的深河流中，以鱼类、鸟类、哺乳类为食，有时甚至同类相食。

通常，同性别和同年龄的湾鳄会组成不同团体共同生活。在湾鳄群体中，等级森严，那些体形最大、居住在领地时间最长、最具攻击性的雄性鳄鱼通常享有最高的权力。当一群湾鳄在水中游泳时，地位高的那只雄鳄鱼会很霸气地在水面上游泳，而那些地位较低的鳄鱼就只能将嘴巴露在水面上，半张开下腭，只露出头部，并随时准备全部没入水中。

湾鳄全身都是宝。它的肉含有对人体有很高营养价值的不饱和脂肪酸以及多种微量元素；其肉味既有水生动物的鲜美，又有陆生动物的野香；同时还具有补气血、滋心养肺、壮筋骨、驱湿邪的功效，因而对咳嗽、哮喘、风湿、糖尿病有较好的治

图一一　绿海龟

图一二　湾鳄

疗效果。它的皮,纹色美丽,是制作高档皮鞋、箱包等皮制品的优质材料。它的头、脚、牙、爪以及背脊可加工成纪念品。因此,目前,我国各地特别是沿海一带已建立了较具规模的湾鳄人工养殖场。

2009 年 8 月 17 日,如皋市民在小河中捉到一条从附近养殖场逃走的湾鳄,后送交南通电视台转送我苑。该湾鳄体长 1.6 米,较为完整。

二、特展对博物苑事业发展产生的影响

这次展览从一个侧面充分地展示了南通博物苑百年苑庆 5 年来自然标本征集、制作工作所获得的巨大成绩,在向社会施予,让整个社会收益、行使其教育功能的同时,也提高了社会各界对博物苑的关注与认识程度,促进了博物苑自然博物工作的良性循环,对博物苑事业的发展起着积极的推动作用。

(一)有利于提升博物苑的知名度

博物馆收藏、研究的目的是想方设法地向公众展示其藏品,为社会提供教育服务。此次展览我们抓住南通市春节大型系列宣传活动的难得机遇,一改在高雅、华丽的展厅展出的形式,走进以休闲娱乐为主、更加亲近百姓的休闲农庄举办展览,以服务者的姿态为公众提供精神食粮,赢得了公众的普遍好感;同时,展览展出的藏品紧扣珍、稀二字,对动物遭受侵袭和杀戮的原因进行了说明,突出了环保的主题,引起了社会的关注和重视,吸引了超过 12 万人次的市民参观,为人们了解自然及博物苑自然博物工作提供了丰富的资源和独特的视角,在帮助人们认知世界的基础上建立起彼此间的理解,加强了公众对博物苑的认识。博物苑教育服务外延越广泛,引起的关注度就越高,知名度也就越大。可以说,博物苑提供教育服务的过程,就是扩大知名度的过程。

(二)有利于拓宽博物苑标本征集渠道

很多人是通过博物馆教育,开始了解博物馆、利用博物馆,以至热爱博物馆,并向博物馆捐赠标本、提供标本征集线索的。一方面,此次展览进行了精心策划,不仅南通电视台、南通广播电台滚动播出活动时间、展览信息,而且印发了 20 万册宣传资料免费发放,增进了人们对博物苑的了解,扩大了博物苑的影响力;另一方面,展出的标本,明确标注了标本的来源和保护级别,提高了人们的感受程度和观赏兴趣,为观众向博物苑提供标本

征集信息作了可借鉴的引导。因而,举办展览,为社会提供宣教服务的过程,也是掌握信息、发现珍品,丰富藏品的过程。

(三)有利于促进博物苑的自然科学研究

博物馆科学研究的内涵包括"博物馆学、藏品与博物馆性质、任务关系密切的有关学科"(《中国博物馆学基础》)。为收藏而收藏,不允许人观看或研究的藏品,失去了其存在的价值。我们将近几年新征集、制作的珍贵自然标本及其信息向社会公布,让收藏和研究成果与社会共享,并被社会所接受,不仅体现了博物苑自然标本存在的社会价值,也体现了研究的社会价值。使"圈内"人士看得懂,"圈外"公众也能接受。同时,博物苑的研究工作也需要社会的广泛支持,需要专业机构、专业人员和现代化的科研手段的帮助,举办此次展览,为博物苑吸纳社会力量,共同开展科学研究敞开了方便之门。

(四)有利于推动博物苑科普教育工作的开展

公众认为博物馆很专业,主要是因为看不懂,公众与博物馆之间存在着某种错位,拉大了他们之间的距离,让一些公众对博物馆"敬而远之"。此次展览,就设计和制作者而言,绝不是率意而为,它经过了主创者从内容到形式的精心构思。首先,展出的标本为公众所喜闻乐见,大多为画报、电视上常看见而未亲眼见过的珍稀动物;其次,标本的背景资料和说明文字深入浅出、通俗易懂,故事性较强,避免了枯燥的专业术语;最后,在展出形式方面,除去了展柜的隔阂,直接将标本裸露陈列,让公众能够零距离的观赏、交流,并首次将动画形象引入展出形式中,使展览生动活泼,更具亲和力。虽然展出的标本为数寥寥,但十分珍贵,且主题突出,发人深省,给人教益,往往引得公众驻足观看良久。人们在激赏以后,接着就是惋惜、警醒和思考,从而达到了科普教育的目的。该展览的成功举办,有助于博物苑进一步了解公众的心理感受、审美情趣和认知特点,学会与公众平等对话、交流与互动,拉近公众和博物苑之间的距离,推动博物苑科普教育工作的开展。

此次展览虽然举办时间不长,但我们已感觉到社会各界对南通博物苑浓浓的爱意和关心,我们将一如既往,埋头苦干,把公众的需求作为我们的追求,把公众喜欢不喜欢,满不满意,社会认不认可作为检验我们工作的标准。

试论魏晋南北朝带钩衰落原因及表现

黄金燕

一、带钩发展概述

带钩是中国古代扣接束腰革带及别在腰带上悬挂囊物、装饰品的钩①。带钩的造型很简单，一般分为钩首、钩体和钩钮三个部分。使用时，随腰带横在腰间，腰带一端系在钩钮上，另一端依腰围大小做成环套，钩挂在钩首上②。钩体常做成各种造型，或饰以精美的纹饰。

带钩的发展经历了一个从无到有，从少到多，而后从繁盛走向衰落的过程。

据学者研究，带钩最早发现于新石器时代的良渚文化遗址中，在江南地区良渚文化的考古发掘中发现了至少 10 件玉带钩③。根据当时玉带钩出土的位置，可以确定它的用法。如在福泉山遗址 60 号墓中出土的玉带钩，发现于死者腰部。当时的带钩造型虽十分简单，但已经有了带钩的雏形，是中国所见最早的史前带钩。并且根据相关学者的研究，史前带钩仅见于良渚文化中，新石器时代的其他文化都没有见到④。

此后带钩经历了夏商周三代的空白期，直至春秋战国时期带钩才重新出现，并且正式发展起来，数量明显增多，且无论从造型及制作工艺上讲都取得了长足的发展，制作带钩的材质也开始丰富起来，其中以青铜铸造居多，也有黄金、白银、铁、石、木等⑤。带钩在战国中晚期达到鼎盛，在对这一时期的墓葬发掘中，考古发现了许多带钩，从其发掘情况看，这一时期带钩的分布范围广泛，数量很多，且在造型工艺上制作精美，前代在这些方面都无法企及。

秦汉时期是带钩普及发展的时期⑥。秦汉是我国历史上第一个大一统时期，中央集权制度得以确立，身份等级也都有明显的划分，带钩的佩带其实是一种身份的象征，佩带不同的带钩体现了一个人的不同的身份。因此，带钩的普及和发展也是必然结果。

到了魏晋时期，带钩无论从分布范围，出土数量，工艺制作和种类上看，很快的衰落下去了⑦。

带钩作为一种服饰用具，不仅在人们的日常生活中发挥着极其重要的作用，更是社会上层阶级的象征。然而这一象征身份的有价物的发展在魏晋南北朝时期却急剧的衰落了，至此后唐宋的相当长一段时间内，带钩都很少有发现，且与当时社会风气相联系，很多原本具有实用性能的器物都具有了古玩的性质，带钩的实用性能逐渐被玩赏性取代。

为什么带钩在魏晋南北朝时期逐渐衰落了？这与当时的服饰有何关系？是否有另外一种扣接腰带的用具将其取代了？

二、带钩研究现状

有关带钩的研究由来已久，大概从东汉和魏晋时代就开始了⑧。而 80 年代之前学者对带钩的研究主要建立在实物基础上，且对带钩的研究牵涉到用途和异名等问题，但对带钩本身的研究没有深入下去。1985 年王仁湘先生在《考古学报》上发表了一篇较为系统的有关带钩研究的文章《带钩概论》，文中涉及了带钩的分类、发现与分布、分期和发展以及带钩的起源与传播等问题。对于带钩衰落的原因虽初有涉及，但没有作具体详细的阐述说明。本文试从当时的社会背景与社会思想方面分析，对带钩衰落的原因做一个浅显的分析。

三、带钩发展原因浅析

带钩从兴起，发展，鼎盛直至衰落，不仅与当时的服饰制度息息相关,并且与当时的社会经济政治思想状况是紧密联系在一起的,它从一定程度上反映了社会经济政治思想的发展状况,同时带钩的发展也是受到当时社会经济政治思想的影响。

根据王仁湘先生的研究:"西晋时期带钩已不多用,东晋以后更少。洛阳发掘的五十四座西晋墓,只出一件。""带钩无论从分布范围,出土数量,工艺制作和种类上看很快地衰落下去了。"①

由于带钩在魏晋南北朝时期的出土物已经很少,因此对于这个问题的研究,不能依赖于带钩本身,应与当时的社会背景相联系。

(一)魏晋思想与带钩

从社会背景上看,魏晋南北朝是中国历史上分裂动荡、内部分崩离析的朝代。魏晋南北朝三百七十年的历史,除了西晋五十年的短暂统一外,期间政权林立,权力多元,社会动荡。

在这样一个动荡的社会,社会各个阶层,各个集团都经受了不同程度的冲击。而魏晋时期的知识分子阶层士人,作为文化的主要载体,在精神上受到的冲击极为强烈。连年的战争给士人们一种朝不保夕的危机感。他们在仕途上抑郁不得志,转而在思想上寻求解放,因而魏晋南北朝是继春秋战国百家争鸣之后又一次思想大解放。魏晋玄学和道教成为这一时期思想解放运动的主流②。

这一时期的士族知识分子在政治势力斗争的酷烈及其所引发的社会的持久动乱、国家的长期分裂之下,感到世事难测,前途暗淡。传统的儒家思想是以人的心力为中心,儒家相信用人的心力,可以改造社会治理国家,而道家思想是以自然法则为中心,任世事随其自然发展,老子说的"人法地,地法天,天法道,道法自然"便是这个道理;而在魏晋南北朝近四百年的战乱中,原来统治者所采用的儒家政治理论思想在这里显得毫无安抚作用,因为它对社会的解释已经为动乱的现实彻底粉碎,而现实带给人们的灾难,使人们开始厌倦儒家对人的行为的规范和束缚,于是批判儒家礼教的意识开始萌芽,并且开始蔓延。而在当时严酷的社会环境之下,士人们普遍都有内心苦闷,焦虑的心理,他们迫切需要找到一个可供他们精神避难的场所。庄老学说和玄学思想正是给他们提供了这样一个渠道。玄学提倡理性和个人的真实情感,十分注重人的存在价值,突出人的自觉意识。道教主张清静无为,返璞归真,进入小国寡民、老死不相往来的非社会化境界,也就是说主张人们超尘出世,远离人为化的世俗社会,去追求非人工化的物质自然及天性自然,实现天人合一。很显然在当时严酷的社会环境下,道教和玄学体现的价值取向符合当时时代的心理需要,于是士人们便在老庄学说的玄虚和玄学的潇洒飘逸中去寻找思想的寄托和心灵的慰藉,从悲观厌世走向绝望避世。他们不仅在思想上表现出对现实的绝望,在行为举止上更是将这一思想表现得很彻底,形成了放浪形骸,离经叛道的特异风姿,现在多被人称之为"魏晋风度"。一方面魏晋士人为了表示对世事的反抗和无奈,一反传统,在服装的选择上呈现出洒脱不凡的特征,而另一方面玄学的兴盛也影响了魏晋士人的审美观,士人们多崇尚宽衣博带,袒服散发赤足似乎成为当时名士的风流表现,他们以放荡不羁的穿着表达心中的抑郁和不满,隐匿于山林之中,其中最典型的代表是以嵇康为首的"竹林七贤"。

"竹林七贤"是指三国魏时七位名人嵇康、阮籍、山涛、向秀、刘伶、阮咸、王戎的合称,他们是魏晋南北朝时期士人的典型代表,大都崇尚老庄之学,不拘礼法,生性放达,大胆提出"越名教而任自然"。他们认为礼法是束缚人性的枷锁,只有彻底破坏礼法,人生才能正当的发展,达到解放和自由。在传统以儒家思想作为统治思想的封建社会中,统治者很大程度上都将"正衣冠"作为维护礼法的一个重要方面,而在魏晋南北朝这样一个动荡的社会,各种思想相互碰撞,思想得以解放,士人们在除了抨击礼教的同时,也以实际行动开始了对礼教的反抗。

在1961年南京西善桥发现的南朝大墓中出土的《竹林七贤与荣启期》砖印壁画中,画中的竹林七贤着装大胆,虽然衣服的款式没有特立独行,皆穿宽大的衣服,但都衣衫不整,袒胸露乳,赤足散发,肆意酣畅③。如下图所见。

《抱朴子·刺骄篇》中记载:阮籍"或乱顶科头、或裸袒蹲夷、或濯脚于稠众"。《任诞篇》中记载:刘伶恒纵酒放达,或脱衣裸形在屋中。人见,讥之。伶曰:"我以天地为栋宇,屋室为裈衣,诸君何为入我裈中?"④由此可见他们的服饰境界,也体

图一 《竹林七贤与荣启期》模印砖画

现了他们对老庄学说的崇尚,多任自然而为,放荡不羁,不在乎世俗礼法的束缚。

士人是这一时期审美的主体,很显然,我们可以从当时士人的穿着间接了解魏晋时期服饰的一些情况。《晋书·五行志》中记载:"晋末冠小而衣裳博大,风流相仿,舆台成俗。"[⑤]

我们由此也可以看出在当时的社会,带钩这一饰物是缺乏实用性的:试想在魏晋南北朝宽衣博带的服饰环境下,若再使用带钩来束腰,那么与士人原本所要表达的思想是背道而驰的。如果说士人想表达的是一种放纵的生活方式,那么带钩所表达的是另一种严谨,谨慎的态度,由此看来,带钩是与当时的大环境不相适应的,带钩在魏晋南北朝时期逐渐退出历史舞台也是必然的结果。

另外要补充的是魏晋南北朝士人虽然厌世,但并不厌生。他们对于生的欲望是很强烈的。《太平御览》卷七二二载:"晋朝士大夫,无不服饵,皆或神效。"这种饵即是一种被称为五石散的药物[⑥]。鲁迅先生曾经在《魏晋风度及文章与药及酒的关系》一文中分析:"现在有许多人以为晋人轻裘缓带宽衣,在当时是人们高逸的表现,其实不知他们是吃药的缘故,一班名人都吃药,穿的衣都宽大,于是不吃药的也跟着名人,把衣服宽大起来……"[⑦]鲁迅先生认为由于服用了药物,以致他们的身体发热,所以宽衣也是为了让身体散热。带钩的束腰功能因此也显得多余和不实用。

结合以上的论述,服饰的演变是当时的社会环境下的产物,多元化的思想给这一时期的服饰也带来了不同的发展。魏晋带钩的衰落很大程度上是魏晋服饰风格的演变而造成的。

（二）南北方民族融合

伴随着长期的战乱,南北方民族大迁徙,民族错居,北方游牧民族纷纷南下入主中原,南北方民族错居为各民族之间的经济、文化、制度的交流提供了条件,服装也不例外。北方民族服饰传入中原,同时汉族服饰也被北方民族吸收,方便利落的服饰为大多数人接受。

北方少数民族地区惯用一种腰带,腰带配以带鐍,（鐍是箱子上安锁的钮,）结扎起来比带钩牢固,所以受到普遍的欢迎。带鐍比带钩出现晚,出土实物均为战国以后,正在北方少数民族地区古墓葬中,尤以匈奴族墓地常见。带鐍不同于带钩,是一种环形带扣,形状或圆或方,大都附有扣针。使用时,将其卡入皮带的一端,另一端伸入扣内,然后插入扣针。这种造型的扣针其实与今日使用的皮带扣差不多,只是质地、款式、大小的不同。虽然带鐍与带钩两者功能一样,但是在使用时前者更具优越性,因为与带钩相比带鐍造型上更加轻便,也更加牢固,因此越来越受到重视。三国以后,用鐍者逐渐增多,最后完全取代带钩[⑧]。

结 语

带钩在春秋战国时期,不仅是服饰用具,往往也是社会上层阶级地位的象征,带钩的质地纹饰都能反映佩带者的地位,这从"窃钩者诸侯"中可以看出带钩的重要性,带钩在这一时期的发展达到了鼎盛。后至秦汉大一统时期,中央集权制度的建立和巩固,儒家思想统治地位的确立,带钩仅作为一种服饰用具被继承下来,已经有渐渐由盛走向衰落的趋势。到魏晋时期带钩已经很少有发现,通过本文的分析:

魏晋南北朝是我国历史上一个动荡不安的时期,频繁的战争给人们的生活带来了灾难,也让人们对于礼教的不满找到了一个宣泄的出口。继春秋战国时代之后又一次思想解放运动就发生在魏晋南北朝时期。玄学、道教及佛教禅宗思想盛行无阻,各种思想的传播为这一时期中国服饰文化的自由发展创造了良好的环境。而每一次战乱都能带来民族不同程度的融合,这一时期同样没有例外,大到南北方思想文化的交流,小到生活方式的相互渗透甚至服饰风格的相互融合,这些都对带钩的发展有着不可忽视的作用。到了魏晋南北朝时期,在这个动荡不安战乱频繁的朝代里,代表魏晋审美主流的士人鄙视礼教,以其放浪形骸的作风表示对礼教的反抗。在这样一个环境之下,带钩被彻底抛弃了,一方面由于使用起来没有带鐍方便牢固,另一方面文人雅士之间流行宽衣博带,带钩毫无用武之地,即使带钩在这一时期仍然有被使用,已经远没有前代重要了。因此带钩的衰落不是偶然,是与当时社会发展的实际相联系的。

注释:

①王莉《带钩及其演变》,《文博》1996 年第 9 期。

②王仁湘《玉带钩散论》,《四川文物》2006 年第 5 期。

③同②。

④同②。

⑤王仁湘《带钩概论》,《考古学报》1985 年第 3 期

⑥同⑤。

⑦同⑤。

⑧同⑤。

⑨同⑤。

⑩参阅:许建良《魏晋玄学伦理思想研究》,人民出版社,2003 年;邬锡鑫《魏晋玄学与美学》,贵州教育出版社,2006 年;刘大杰《魏晋思想论》,上海古籍出版社,1998 年。

⑪郑岩《魏晋南北朝壁画墓研究》,文物出版社,2002 年。

⑫张宏慧《魏晋风度与士人服饰》,《许昌学院学报》2004 年第 6 期。

⑬同⑫。

⑭同⑫。

⑮陈淑葵《魏晋风度对当时服饰的影响》,《丝绸》2005 年第 6 期。

⑯王莉《带钩及其演变》,《文博》1996 年第 9 期。

中国"海上瓷器之路"

郭菁菁

在中国与国外交往的历史过程中,丝绸和瓷器一直是最受欢迎的外贸产品。自长安或洛阳为东起点,经甘肃、新疆,再到中亚、西亚,最后到达地中海沿岸。从汉朝开始,这种贸易一直延续了数个世纪之久。德国地理学家李希霍芬在 1877 年出版的《中国亲程旅行记》中,第一次给这条道路起名"丝绸之路"。

在陆上丝绸之路发展的同时,中国的丝绸,也在通过海路源源不断地运输到国外,这条路线被称为"海上丝绸之路"。"海上丝绸之路"形成于汉武帝之时。从中国出发,向西航行的南海航线,是海上丝绸之路的主线。与此同时,还有一条由中国向东到达朝鲜半岛和日本列岛的东海航线,它在海上丝绸之路中占次要的地位。

唐宋之后,随着航海技术和造船技术的演进,海上丝绸之路航线更加遥远,贸易也愈显繁荣,对

于中国瓷器来说,再也没有比水运更加便捷和安全的运输方式,于是丝绸之路也进而演变成"瓷器之路"。

本世纪以来,对各港口的考古工作以及诸多沉船的发现使人们认识到这条航线显然早已超出东南亚的范围,而是穿过南海,驶过印度洋,到达波斯湾各国,甚至非洲东海岸的许多港口也有中国瓷器出土。

而在这一系列的工作过程中,对南海沉船所进行的水下考古工作,直接为人们研究这一路线提供了证据。

目前,我国对古代沉船的发掘主要区域集中于广东、福建、海南一带,而且发现的古沉船大多为宋代沉船,本文接下来就对目前已经发现的一些古代沉船出水瓷器进行比较,分析一下中国瓷器在海上瓷器之路上的外销情况。

表一 古代沉船出水瓷器

古船遗址	发现地点	船舶年代	出水瓷器
"白礁一号"沉船遗址	福建连江定海	南宋时期,即 12 世纪后期至 13 世纪前期	出水一批形制相似,尺寸相近的黑釉盏,应是仿建窑兔毫盏的作品。从胎质、釉色、器形等方面分析、比较,初步认为这批黑釉盏更接近于福州地区窑址的产品,尤其与亭江长柄窑及闽侯南屿、鸿尾等窑址的黑釉盏较相似。同时出水有一批青白瓷,可能也是周边地区窑口如闽清义窑、亭江长柄窑、福州宦溪窑等的产品。
"华光礁一号"沉船遗址	西沙群岛	南宋时期。其中一件碗的内壁一周釉面刻有楷书"壬午载潘三郎造"字样,应为南宋宋高宗时期(1162 年)	出水瓷器以青瓷,青白瓷,酱黑釉器为主。青瓷中以碗类居多,多出于福建南安罗东窑及福建宋代松溪回场窑,盘的情况与碗相同,也为福建二窑产品,而青瓷中的另一器类——瓶均为福建晋江宋代磁灶窑的产品。青白瓷器则多为景德镇窑,德化窑及福建闽清义窑产品。酱黑釉器则为武夷山遇林亭窑址及福建晋江磁灶窑的产品。以上部分瓷器胎底有墨书。

古船遗址	发现地点	船舶年代	出水瓷器
"南海一号"沉船遗址	广东台山县川山群岛附近海域	宋代	出水文物大部分为陶瓷器,主要有青白瓷器、青瓷器、酱黑釉器、绿釉器。其中青白瓷器主要为景德镇窑、德化窑、闽清义窑和青窑的产品。青瓷器则均为宋代龙泉窑的产品。酱黑釉器与绿釉器都为福建晋江磁灶窑的产品。
"北土龟礁一号"沉船遗址	莆田南日岛、湄洲湾海域	南宋早,中期(据出水古钱币推测)	陶瓷器主要为青釉碗,初步推测是福建北部地区窑口的产品。
大练岛元代沉船遗址	福建平潭大练岛	元代	采集以及发掘出水的陶瓷器均为龙泉窑青瓷。
"北土龟礁二号"元代沉船遗址	莆田南日岛、湄洲湾海域	元代	采集到的陶瓷器标本均为白瓷器,与连江浦口窑的同类产品相同与相似。
"南海一号"沉船遗址	南澳主岛东侧海域的乌屿和半潮礁	明代(发现的瓷器最晚为明代)	目前船上出水的近200件瓷器年代介于宋到明之间,主要是粤东本地民窑的产品,有少量出产于福建漳州、江西景德镇。
"碗礁二号"沉船遗址	福建平潭	明代	采集到的陶瓷器标本有青花瓷、白瓷、青花釉里红器、蓝釉器等,均为景德镇民窑产品,年代为明代末期(约17世纪后期)。
银屿	西沙群岛	明代	采集到的青瓷均为明代龙泉窑的产品。
"北礁三号"沉船遗址	西沙群岛	明末清初	主要为青花瓷,一类为景德镇民窑青花瓷,多为碗盘,一类为漳州窑青花瓷,有大盘、盘、大碗、碗等,经确认为明末清初漳州窑的产品。
"北礁一号"沉船遗址	西沙群岛	清代	多数为青花瓷碗,盘等,应为福建德化,安溪等地清代窑址所产。
"碗礁一号"沉船遗址	福建平潭	清康熙	出水瓷器约1.7万件,大多数是青花瓷,其他还有青花釉里红、单色釉器、五彩器等,大部分均为清康熙早、中期(约1690~1700年)景德镇民窑的产品。
"泰兴号"沉船遗址	西沙群岛	清代	大部分为德化青花瓷器。
湄洲湾大竹岛清代沉船遗址	莆田南日岛、湄洲湾海域	清代	有青花、五彩和白瓷器三类,应为景德镇民窑与德化窑产品。

除了上述已发现的沉船遗址之外,中国水下考古中心还推测,南海古沉船不少于2000艘。大量古沉船的发现与待发现为我国海上瓷器之路的研究提供了大量资料。

从表一,我们可以总结出一些中国海上瓷器之路以及外销瓷器的特点:

1. 该路线延续时间长,海上丝绸之路形成于汉武帝时期,而海上瓷器之路的繁盛则始于宋代,一直延续到清代目前发现的大量古沉船最早的就是宋代沉船,而且数量也较多,而元、明、清三代均有不只一艘的古沉船发现，说明该路线到了后世仍在继续发展并一直沿用，也说明了从宋代起，中国与国外的瓷器贸易通过海路运输已经成为了人们普遍接受的事情。

2. 海上贸易已经成为了一种民间行为，从出水的陶瓷器标本可以看出，能够代表中国同时期窑业技术最高水平的定、汝、官、哥、钧等各个官窑以及龙泉窑、耀州窑等窑口的产品都未有发现，除去少量品质相对较好的景德镇青白釉器物外，绝大多数是产自浙江、福建、广东各民间窑场。说明当时官方瓷器很少出口，陶瓷贸易主要存在于海外商人与民间窑厂之间。

3. 出水的器物大部分为日用品，如碗、盘、罐等等，而奢侈品却相对较少，也能够说明中国与境外的陶瓷交易主要是一种民间行为。陶瓷器对各进口国家来说是一种日常普遍使用的器物，而不仅仅存在于贵族或富商之间，而没有高等级的陶瓷器出口，也说明了通过海上瓷器之路进行贸易的国家经济水平都较低，无力接受中国的高水准产品。

4. 出口陶瓷器的窑口主要位于江西景德镇、福建、广东等等，这些地方，有的是与内河运输相接，如景德镇，有些则直接就处于海上丝绸之路的港口位置，如福建与广东，这些窑口交通运输方便，而大量的小民窑也能够方便提供海外商人所需要的仅供日常使用的陶瓷器物。

5. 在该路线中，福建与广东占有重要的地位，已发现的沉船大部分都处于这两省的海域之内，说明在宋元明清时代，通过海路进行陶瓷器交易的船舶，都要经过这两省的海域，使得这两省的小民窑在中外陶瓷器贸易中占有了有利的地域条件。

除了上述在国内的沉船遗址可以表现出海上瓷器之路的兴盛之外，在境外，同样也发现有装载中国瓷器的沉船遗址。

考古调查的一条苏门答腊东南沿海的沉船，属 13 世纪晚期，即中国南宋时期，因为在爪哇海西部，所以称为"爪哇海沉船"，这艘船上除了携带有中国的铁锅与刀之外，还发现了约十万件中国瓷器。而在印度尼西亚发现的井里汶沉船，也发现了处于晚唐至宋代早期的各种越窑瓷碗、盘、碟。除此以外，在陆地上的考古发掘也证明，中国陶瓷外销至迟始于唐代，此后在宋、元、明、清各个历史时期均有输出。从目前的考古发掘来看，中国古外销陶瓷在国外出土最早的是在巴基斯坦。1854 年，英国人在布拉明那巴德发掘到中国瓷器标本；19 世纪末在菲律宾，发现中国瓷器；20 世纪 30 年代以后在朝鲜开始发现中国瓷器；1948 年以来，在非洲的肯尼亚的十多处遗址的发掘中都出土了大量的中国瓷器。此后中国古代外销陶瓷器开始在世界范围陆续不断地有发现。目前，在亚洲、非洲、欧洲的许多国家和地区都发现了中国古外销陶瓷。

除去已发现的实物之外，中国国内以及外国学者的一些记载，都能够说明中国陶瓷器通过海路进行运输贸易的情况。如元代江西南昌人汪大渊就曾在他所著的《岛夷志略》中对元代瓷器由海上输出作了较详细的记载，除了瓷器的输出地之外，对于输出的瓷器也进行了归纳，而意大利人马可波罗回国时，也曾随身携带有中国的瓷器，并在他的游记中称赞德化窑"制造碗及瓷器，既多且美，购价甚贱，除此港外，他港皆不制此物"，摩洛哥人伊本白图泰也在游记中对泉州与广州的制瓷业和行销海外进行了描述。

海上丝绸之路是中国与海外诸国的贸易往来通道，而自唐以后，瓷器逐渐成为了出口的大户，使得海上丝绸之路真正成为了海上瓷器之路，而越来越多的沉船以及中国外销瓷器的发现，将为我们研究海上瓷器之路提供越来越多的依据。

参考资料：

《拾遗南海　补阙中土——谈井里汶沉船的出水瓷器》，《故宫博物院院刊》2007 年第 6 期

《中国水下考古六大发现——海上丝绸之路上的中国古代外销瓷》，《国际博物馆》（全球中文版）2008 年第 4 期

吕军《沉船考古与瓷器外销——以碗礁 1 号资料为中心》，《博物馆研究》2007 年第 3 期

余家栋、余江安《从窖藏和沉船瓷器看景德镇瓷器外销兴旺的历史背景》，《南方文物》2005 年第 3 期

庄景辉、李海宁《泉州古外销陶瓷研究刍议》，《南方文物》2005 年第 3 期

Adi Agung Tirtamarta, M. M（印度尼西亚）《井里汶海底十世纪沉船打捞纪实》

孙键《南海沉船与宋代瓷器外销》，《中国文化遗产》2007 年第 4 期

从两份档案看张謇从立宪派向共和拥护者的转变

朱　江

　　清末民初是中国社会急剧转型的时期,在这个跌宕起伏的历史阶段,张謇无疑是一个重要的人物。他在家乡江苏南通进行早期现代化的实践,使南通成为当时闻名遐迩的全国模范县。在政治舞台上,张謇亦扮演着重要角色,参与了诸多重大历史事件,为近代中国追求资本主义民主作出了贡献。1925 年 12 月,就在张謇辞世前不久,在其《啬翁自订年谱》的自序中,张謇对君主制度和民主制度、立宪与革命阐述了自己的见解。张謇特别强调,他从 22 岁开始记日记,48 年间"一身之忧患、学问、出处亦尝记其大者,而莫大于立宪之成毁"。由此可见张謇对自己从事立宪运动的看重,及至暮年仍念念不忘。武昌起义以后,张謇放弃了立宪转而拥护共和。南通市档案馆保存的立宪公会收据和清政府致外国驻京各使馆的信函,是其辛亥革命前后政治道路的写照。

　　对于立宪运动与立宪派的作用,台湾学者张朋园在他的力作《立宪派与辛亥革命》中有着精辟的分析:"清朝末年,中国知识分子先后掀起了三次巨大的救国运动:戊戌变法、立宪运动、辛亥革命。这三件大事,对中国的影响极为深远。戊戌变法的推动,盖因知识分子失望于由观念狭隘的官僚统治阶层所主持的自强运动,力求全面改革,刷新制度。不幸矫枉过正,计划过于庞杂,且急功近利,再因保守派之阻挠,终于一事无成。知识分子得此教训,认为要改革有成,必须从根本上着手。一部分人要求改革政体,建立议会制度;另一部分人则认为统治者腐败无能,必须彻底推翻现状,建立民主政治。这两个不同的观念,分别掀起了立宪和革命运动。参加立宪的知识分子态度较为温和,参加革命者则十分激烈;前者称为立宪派,后者称为革命派。结果革命成功,立宪中道而止。唯革命之发生,与立宪运动有非常之关系;武昌起义之后,立宪派又同时卷入,有举足轻重之影响。"

　　张謇在 1901 年在他的《变法平议》中提出"置议政院"和"设府县议会"的建议。1903 年,张謇从日本游历考察回来,深受日本宪政的鼓舞,非常热衷立宪问题,"见到官员友人,遇到谈论通信,没有不劝解蹉磨各种立宪的问题"。1904 年,张謇与他人一起,为两江总督魏光焘、湖广总督张之洞起草了拟请立宪的奏稿。还和赵凤昌刊印了日本宪法,送达朝廷。

　　1904～1905 年的日俄战争,是日本和俄国为争夺中国东北的利益而在中国领土上进行的一场帝国主义战争。战争爆发后,软弱无能的清政府竟然无视战火在自己领土上燃烧,无耻地宣布严守"局外中立"。每个有良知的中国人都会从中深深地感到耻辱。战争的结果是立宪的日本战胜了专制的俄国,使中国的思想界产生了极大的震动,一时间立宪思潮陡然高涨,而清政府也在此背景下开始宪政改革,并于 1906 年开始预备立宪。

　　以上海为中心的江浙地区,人文荟萃,经济发达,风气开通,思想先进,是国内立宪派活动最重要的基地。张謇、汤寿潜等江浙立宪派是立宪运动的积极倡导者和领导者,他们的思想与活动都业已超越狭隘的省区地域而具有全国性意义。清政府开始预备立宪后,他们首先着手组织了国内第一个立宪团体——预备立宪公会。张謇倡导立宪虽较康有为和梁启超来得晚,但就其当时在国内的影响力,以及对清政府产生的直接作用,则较康梁为多。全国的立宪派几乎一半惟其马首是瞻。

预备立宪公会是江浙立宪派为响应朝廷预备立宪而设立的立宪团体，也是张謇在立宪运动中主要的舞台。1906 年 10 月 26 日，郑孝胥、张謇领衔为在上海设立预备立宪公会向民政部申请备案，宣称该会的设立，"愿为中国立宪国民之前导"。12 月 16 日，预备立宪公会正式召开成立大会。预备立宪公会事务所设在上海静安寺路 54 号，会长郑孝胥，副会长张謇、汤寿潜。以后每年按例召开一次常会，并选举正副会长。预备立宪公会的主要阶级基础是绅商，并与政府有着密切的联系，该会的灵魂人物是江浙立宪派的领袖张謇。

预备立宪公会的活动以筹办宪政为中心，主要表现如下：1. 出版书刊，宣传宪政知识。该会编辑的报刊主要有《预备立宪公会报》和《宪志日刊》两种。2. 开办法政讲习所，培养宪政人才。1909 年 2 月接办原由江苏学会创办的法政讲习所，招收各省学员学习法政知识。3. 编纂商法，促成政府颁布商法。预备立宪公会成立商法编辑所，聘秦瑞玠、汤一鹗、邵羲、孟昭常、张家镇为编辑，筹备商法起草事宜。1909 年 12 月，完成了《公司法》与《商法总则》，经各商会代表评议通过，并推举孟昭常、秦瑞玠进京呈送农工商和修订法律馆，以促成政府正式颁布商法。4. 推动地方自治的进行与咨议局的筹办。5. 参与国会请愿运动。张謇、雷奋、杨廷栋、孟森、孟昭常等预备立宪公会成员在清末国会请愿运动中非常活跃。预备立宪公会的活动一直持续到武昌起义以后，是清末存在时间最长、影响最大的立宪团体。

南通市档案馆所藏的一张宣统三年五月初四（1911 年 5 月 31 日）预备立宪公会的收据（档号 B401-111-1），记载收到张謇自庚戌十一月至辛亥十月（1910 年 10 月至 1911 年 12 月）常年费洋 24 元，是张謇参与立宪活动的真实记录。

1911 年 10 月 10 日，革命党人的枪声划破了武昌沉寂的夜空，敲响了清王朝灭亡的丧钟。非常凑巧的是，张謇当天正在武汉。他晚八时登上"襄阳"轮离开的时候，发现长江对岸起火，张謇在其日记中记载："见武昌草湖门火作，盖工程营地火作，即长亘数十长，火光中时见三角白光，殆枪门火也。十时舟行，行二十里犹见火光。"到了安庆，张謇得知武昌的情势。他先后劝说江宁将军铁良、两江总督张人骏出兵镇压。铁、张自顾不暇，

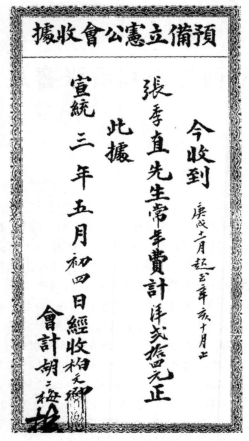

图一　立宪公会收据

无以为应。他又赶到苏州，连夜为江苏巡抚程德全起草《改组内阁宣布立宪疏》，建议立即"解散皇族内阁，组织责任内阁"，严惩"酿乱首祸之人"，"然后定期告庙誓民，提前宣布宪法，与天下更始"。

然而革命形势的迅速发展促使张謇的思想发生了剧变。到 11 月上旬，他就完全抛弃了君主立宪的主张，转而站在革命的一边。在《劝告铁将军函》中，他要铁良"纳满族于共和主义之中"，这是"共和主义"首次出现在他的笔下。

在张謇的思想里，一直认为君主立宪要比共和制度要优越，并可以避免革命所带来的破坏。因此，即使在立宪派内部，他也是放弃自己原有立场较迟的一个。张朋园对此依旧有其入木三分的刻画："但是革命既已发生，其汹涌之势无法遏阻，立宪派人不得不检讨他们的理想与革命主义的同异之处。代议制度是两党共同的信仰，既然他们的国会理想尚待努力，不如顺势同趋，或可实现于来日。张謇对此，似曾反复权衡，这是他要与革命

党合作的基本原因。”况且也与张謇对清政府的彻底失望极有关系。

1912 年 1 月 1 日，孙中山先生就任临时大总统，宣告中华民国成立。张謇受邀担任南京临时政府实业部总长。南京临时政府所面临的重大困难之一就是财政问题，财政是政权生存至关重要的经济基础，南京临时政府入不敷出，财政陷入极端困难的境地。为了维持一支强大的武装力量，必须要有庞大的军费开支，解决军饷问题是南京政府的当务之急。当时，南京城内的军队，有“浙军、沪军、光复军、铁血军、卫戍军以及国有之军队与新编之各军，合计不下十万余众”，欠饷问题非常严重。南京城里到处都有成群结队的骚动的士兵，要求发放欠饷。再加上江苏境内的其他军队和各地准备北伐的军队，人数至少有 20 万以上。陆军总长黄兴为军饷的事“寝食俱废，至于吐血”，每天到陆军部要钱的军官达数十起，弄得黄兴焦头烂额。

黄兴请求张謇给予帮助。张謇毅然以大生纱厂总经理的身份和资格作担保，向日本三井洋行借款 30 万元，约定一个月归还，保证书上明确写道：“兹因黄君克强为中华民国组织临时政府之费用，向贵行借用上海通用银元 30 万元。约定自交款之日起一个月归还，并无抵押物。如还期不如约，惟担保人是问。三井洋行鉴存。张謇。”为了帮助临时政府解决外省军队调离江苏的经费问题，张謇商请各商会筹垫 20 万元。后临时政府军事、行政费用又告急，黄兴提出让商会再筹垫 50 万元。张謇提出“劝勿扰商，自任为筹”，自请承担为临时政府筹款的任务。

张謇的筹款行为帮助南京临时政府解决了不少财政困难，清政府对此十分恐慌。南通市档案馆 2010 年去台湾“中央研究院”近代史研究所档案馆查阅档案时，在外务部全宗发现《闻张謇为革军商借洋款请阻止勿借由》(馆藏号 02—24—008—02—061)。全文为：“宣统三年十一月二十一日发驻京各使函称：现闻革军因财政困难，由张謇密商洋人，以江苏盐税为抵押，拟借一千万元云，应请贵署大臣留意，如有此事，切须阻止贵国商民勿允此借款，以免有违各国对于此次乱事之宗旨，专此函达。”

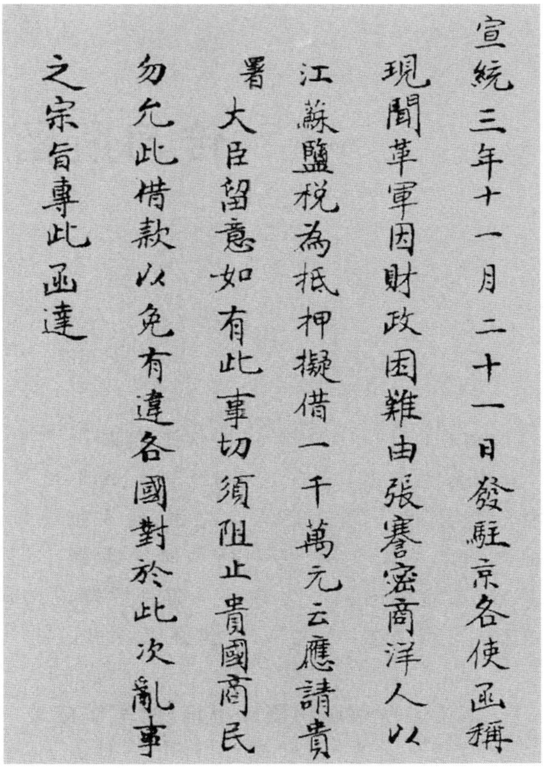
宣統三年十一月二十一日發駐京各使函稱
現聞革軍因財政困難由張謇密商洋人以
江蘇鹽稅為抵押擬借一千萬元云應請貴
署大臣留意如有此事切須阻止貴國商民
勿允此借款以免有違各國對於此次亂事
之宗旨專此函達

图二 《闻张謇为革军商借洋款请阻止勿借由》

张謇作为立宪派的领袖人物，他的立场转向民主共和，对当时的时局影响颇大。而张謇的所作所为，对推动清朝的灭亡、中华民国的建立起到举足轻重的作用。黄兴高度评价他和赵凤昌等人“负国人之重望，往时缔造共和，殚尽心力”。刘厚生在《张謇传记》中评价张謇此时的表现时认为：“他是一个促成革命成功的有力者。”

参考资料：

张朋园《立宪派与辛亥革命》，台湾中央研究院近代史研究所专刊(24)，1982 年

张玉法《大雅丛刊——辛亥革命史论》，三民书局(台北)，1993 年

张海鹏、李细珠《中国近代通史》，第五卷《新政、立宪与辛亥革命(1901～1902)》，凤凰出版传媒集团、江苏人民出版社，2006 年

张绪武《我的祖父张謇》，上海辞书出版社，2008 年

陈国安《1911～1912：辛亥首义阳夏之战》，湖北人民出版社，2006 年

传习所留画绣摄影小记

陈　佐

沈寿（1874～1921 年），近代著名刺绣艺术大师，生前名绣众多，著有《雪宦绣谱》，尚不见其他文稿存世。近日，沈寿后人沈慰祖，传来张謇先生为她抄誊的一篇文稿《传习所留画绣摄影小记》。这是继《雪宦绣谱》后，沈寿又一篇刺绣理论文献。此文比《雪宦绣谱》成文早，存世意义深远。

一、《传习所留画绣摄影小记》的写作背景

沈寿原名云芝，晚号雪宦，江苏吴县人。1904年向慈禧太后献绣祝寿，因绣品出众，慈禧赐给她寿字，奖四等勋章，为作纪念遂改名为"寿"。曾奉谕到日本国考察工艺美术，回国后任清农工商部绣工科总教习。曾有刺绣在国内、国际艺坛中获最高荣誉，是世界刺绣艺术家。清朝灭亡后，在天津发展刺绣不顺利。后应清末状元张謇邀请，1914 年盛夏，来南通女工传习所任所长，兼绣科主任。传教她创立的仿真绣技艺，提高南通刺绣艺术水平。

张謇创办的南通女工传习所，附设在珠媚园内的南通女子师范学校中。当时，我国为筹备第二年参加在美国旧金山举办的巴拿马世界博览会，正向全国征集参展产品。好强的沈寿，刚到人生地不熟的南通，尽管各方面条件尚不够成熟，她还是发动全所师生积极参加刺绣展品的活动。自己也不顾体弱，边教课、边带头赶绣《耶稣像》。结果，刺绣参展作品的任务圆满完成，传习所产品还连获金银铜三个大奖，取得举世瞩目的成绩，而沈寿本人却病倒了。由于急于工作，一心想早日取得更多成绩的沈寿病后没有很好休养，以后教学、刺绣辛苦了就要发病。1917 年 4 月，沈寿又病了。传习所无空余房屋，让沈所长有安静的地方

休养。张謇见此情况，就邀请她住到博物苑的谦亭去，那儿清静环境好，又无闲杂人员和事务打扰，可以静心休养。

沈寿来南通工作后，也参与当地社会活动。前年，张謇的儿子孝若要结婚，沈寿在传习所组织绣工为他绣制婚礼服，办喜事时前来贺喜吃喜酒，张家还请她担当新娘陈石云的伴娘。自此以后，张家人就与沈寿亲近，两家经常在一起活动，关系密切。5 月 28 日，沈寿借住在谦亭休养，张謇、吴夫人和孝若夫妻也来看望。不久她知悉张孝若即将出国留学。想到张家待她优厚，应当庆贺这件大喜事，决定选一幅合适绣品赠给张孝若。沈寿在休养，手头没刺绣，思考后想起那幅《意女悟道图》[①]比较合适，它挂在传习所内作刺绣学员观摩学习的样本。虽说那作品正派用场，比较重要。但手头没有其他较好的刺绣作品替代，于是就派人将这件刺绣取来了。为不妨碍教学，特请人为刺绣照了相，再将照片放大置在相框中，挂在原来的位置上让学生观摩学习。

据张謇的《日记》记载，6 月 8 日那天，他来到谦亭的门口，就顺便弯进去看望。沈寿见张公到来心中一喜，忙将选好的刺绣《意女悟道图》拿出来，顺势告诉相关意思。张謇接过刺绣细看，认为作品的内容对孝若留学有教育意义。而且构图合理，人物表情生动，刺绣工艺也十分精致。盛情难却，他一面代儿子谢过，一面就按她的意思在绣品上题了字。

沈寿赠送刺绣《意女悟道图》给孝若，张謇特地作了"雪君删润送怡儿游美画绣记"[②]诗一首，题在儿子的扇面上，其诗文是：

雪君割绣照儿行，多少功夫始绣成。
闻道三年如刻楮，世间哪有浪收名。

扇是常用之物，张謇题字在儿子扇上，是让其使用中可以随时见到父字，不忘父爱深情。同时，也让儿子记道沈所长以绣祝贺的情谊。刺绣一幅作品，针针线线是多么不易，提示他特别珍惜。而且还有更深一层的意思，是要儿子珍惜留学机会，世上一切真理都是在艰苦环境中悟道成功的，享受玩乐就不可能成材成名。用沈寿赠绣一事的诗词记在扇上，也是要求他在外读书向沈寿学习，将她刺绣时那种一丝不苟的坚毅精神，用到学习中去。同时，根据诗词和稿中文字分析，该作品是沈寿任教时利用课余时间绣成的，因忙于教育身体又不好，故历时三年才刺绣完工。若该绣成于南通，应是继《耶稣像》后又一件杰作。

6月11日，张孝若出国留学，沈寿以刺绣欢送他的事情，张謇一直记在心中，多年后还以此追忆写诗怀念沈寿。诗曰：

> 岩壑佳人悟道坚，髑髅绣罢一凄然。
> 赠儿叙别饶深意，苦道生平刻楮年。①

此诗虽仅短短四句二十八字，但已将沈寿刺绣《意女悟道图》的主要内容描写清楚，生动说明将这件绣品赠给张孝若的意义，同时对体质较差、在病中坚持工作和刺绣的沈寿表示敬佩。

张孝若留学后，生性勤劳的沈寿，向张謇要了"谦亭"两字，用头发绣成一件发绣作品留赠。因惦记着传习所的工作，没有等到身体复原，就不愿

留在谦亭继续休养，坚持要回所去上班，张謇想拦也拦不住。那年的暑夏特别热，操劳过度的沈寿就在八月份病倒了，只得又回到谦亭继续休养。张謇见她回来很高兴，劝她这次要好好休息不要再操劳了。然而没几天，张謇又见沈寿在伏案工作，正在整理《传习所留画绣摄影小记》文，俯身写字时，清瘦的身体骨骼轮廓都在单薄的衣衫中显现。心中不忍，就连忙上前让沈寿放下毛笔休息，要代她抄誊这篇文稿。沈寿欣喜状元公如此重视，用工整的楷书认真书写。一会儿，见这篇短文就在张謇笔下抄写清楚。手捧墨迹未干的文稿，心里说不出的高兴。

二、张謇代誊《传习所留画绣摄影小记》

《传习所留画绣摄影小记》由张謇代誊，文中写着："绣本意大利油画。盖彼小说家所志，某女士觉悟世情，携髑髅入山修道之事状。画参光学，绚丽夺目，余爱其画之精，而事之可以瘝人也，欲摹绣之，适感小疾，又授课有程不暇从事，乃于课余病间铢累而黍引，历三年余始成。余既受啬公为南通提倡女工之属，则欲尽所能毕授之愿学诸生，而以是幅示之范。会公子孝若奉公命游学美洲，濒行遇余为别，闻余欲有所制，以为贶而不及也，乃索是幅，意且欲张之于彼美术家之目。余愧其意，而甚爱公子之孝，谨而好学又远行也，重违其请，举以赠焉，复摄影置于所堂，以完示范诸生之

图一　《意女悟道图》刺绣（沈寿）

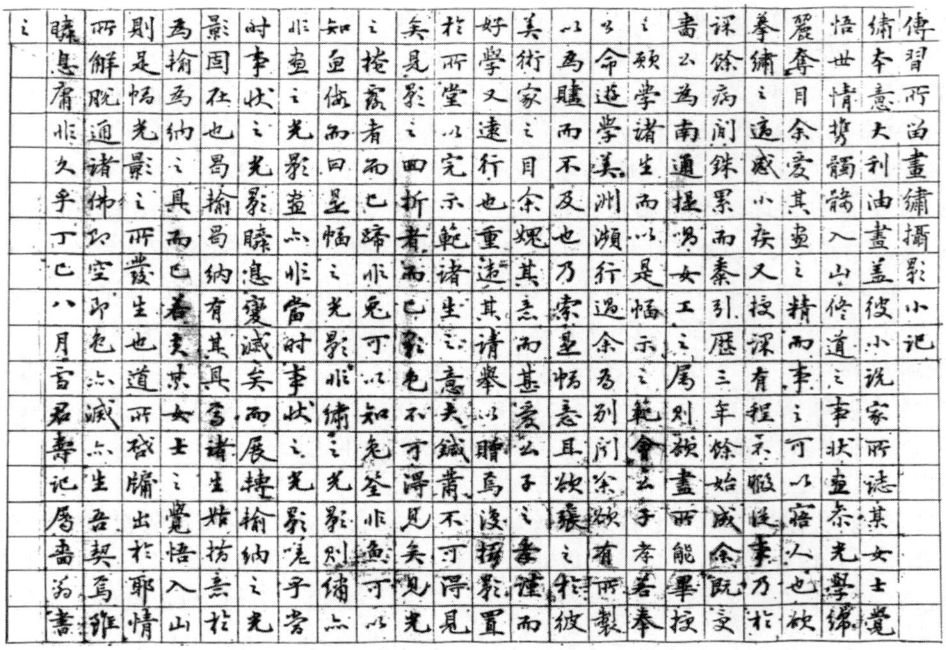
傳習所留畫繡攝影小記
繡本意大利油畫盖彼小說家所誌某女士覺
悟世情攜髑髏入山修道之事狀畫柰光學繡
麗奪目余愛其畫之精而事之可以容人也故
拳繡之適感小疾又接深有程不暇從事乃於
課餘病間銖累而寸引歷三年餘始成余既以
書公為南通提倡女工之屬則欲畫所能畢按
之頗學諸生而以是幅示之範會公子孝若奉
父命遊學美洲瀕行過余為別前余欲有所製
以為贐而不及也乃索是幅去且欲裝之於彼
美術家之目余愧其志而甚愛公子之姿謹而
好學又遠行也重違其請舉以贈焉復攝影置
於所堂以完示範諸生之意夫鍼黹不可得見
矣見影之回折者而已彩色不可得見矣見光
之掩露者而已蹄非兔可以知兔筌非魚可以
知魚假而曰是幅之光影非繡之光影則繡亦
非畫之光影畫亦非當時事狀之光影嗟乎當
時事狀之光影瞬息變滅矣而展轉輸納之光
影固在也曷輸曷納有其具焉諸生姑措意於
為輸為納之具而已若夫某女士之覺悟入山
則是幅光影之所發生也道所啟牖出於耶情
所解脫通諸佛即空即色亦滅亦生吾契焉雖
瞬息庸非久乎丁巳八月雪君壽記屬嗇翁書
之

图二 《传习所留画绣摄影小记》(沈寿著文、张謇眷)

意。夫针黹不可得见矣,见影之回折者而已;彩色不可得见矣,见光之掩露者而已。蹄非兔可以知兔,筌非鱼可以知鱼,假而曰是幅之光影,非绣之光影,则绣亦非画之光影,画亦非当时事状之光影。嗟乎,当时事状之光影瞬息变灭矣,而展转输纳之光影固在也,曷输曷纳有其具焉,诸生姑措意于为输为纳之具而已。若夫某女士之觉悟入山,则是幅光影之所发生也。道所启牖出于耶情,所解脱通诸佛,即空即色亦灭亦生,吾契焉,虽瞬息庸非久乎。丁巳八月,雪君寿记,嘱啬翁书之。"[④]

沈寿这篇文稿虽然短小,但文字内容丰富,意境深远。它先叙述了这件《意女悟道图》刺绣的稿本来历,并介绍了该图内容。原画是意大利名家绘画作品,内容是一位女子,携了髑髅入山修道,呈半卧状用心读经学习终于觉悟。接着说明自己刺绣这件作品的经历和用途。并就自己来南通任教,及将刺绣作礼品赠给张孝若,留下摄影照片替代原作给学生示范的经过作了交代。又用掌故说明留影照片中的光影虽非刺绣原作中的光影,原作彩色不见,但照片中现在的黑白光影又替代了原作效果,同样可以给学生作示范。如刺绣中的女子那样,入山修道觉悟永恒。全文用字仅 425 字,但条理清晰内容丰富。可惜我在写《沈寿》一书前,没有见到此文,所以不清楚当年沈寿选了哪件作品赠给了张孝若,书中只得含糊其辞,没有向读者交代明白,留下了缺陷。感谢沈寿侄孙沈慰祖先生,给我寄来这份沈寿撰文、张謇眷写的《传习所留画绣摄影小记》复印件。此稿写于 1917 年,时张謇年已 65 岁,也属晚年杰作。纵观全文,全用工整的小楷字眷写,显然是状元公用心书写的。通篇文稿行文流畅,显然是张謇一气呵成。精致的楷书中,又有行书相间。清秀逸致,笔墨自如。殆然太极包罗,莫测其高深。状元公抄眷的沈寿著文《传习所留画绣摄影小记》,堪称书法精品,弥足珍贵。

三、《传习所留画绣摄影小记》的存世意义

刺绣艺术大师沈寿刺绣一生,存世精品颇多,而留下的诗作、刺绣文稿较少,诗词仅在张謇诗文和日记中散见五首。刺绣理论著作有《雪宧绣谱》,是张謇根据她的口述记录写作的。余下的就是这篇珍贵的《传习所留画绣摄影小记》了。它是状元公与刺绣艺术家又一次为发展中国传统艺术的合作结晶,有很高的历史史料和艺术价值。这篇文选为我国刺绣艺术文库增添了光彩一页,也为深入研究沈寿和沈绣艺术提供了重要资料。由于这篇文稿长期深藏闺阁,以往没有对外公开发表,所以见到的人很少。

《传习所留画绣摄影小记》存世，意义深远。通过这篇短文，可以见到沈寿对刺绣光影早有深刻研究。关键处巧妙的几针，就将提升整件作品的艺术价值。如沈寿刺绣《耶稣像》，耶稣的眼睛高光处留白不绣，使白色缎底成为反光亮点。她绣的《蛤蜊图》中，有一只大蛤蜊仅绣了边框轮廓线，饱满的肚子也只绣了部分阴影，身子利用贴布底色和光线反射原理，留下大片空白，却取得很好的艺术效果。而有些刺绣人员对光影的研究比较少，重点放在题材和针法工艺上，她们选择的作品题材很好，针法使用也得当。由于不懂光影的作用和原理，刺绣中不能很好利用光与影的特殊功能，故作品比较呆板。如我曾见到一件仿制的《蛤蜊图》作品，虽然该作者在仿制沈寿作品时很用功，将这件作品中的大蛤蜊全部绣满，但给人的视觉效果很差。作品死板，不透气，无艺术价值可言。这种不懂光影科学原理干吃力不讨好的例子，并非个案。所以学刺绣、搞艺术的人都应当学习光与影的科学原理。沈寿在《传习所留画绣摄影小记》中总结的光影文字，为后人理解刺绣与光影的辩证关系，作了很好解答。只是本文限于文字太少，没有深入展开阐述，如若结合《雪宧绣谱》的学习，必将有更多的收获。

刺绣中如何发挥光影作用是一项很重要的技法，它也是衡量刺绣艺人刺绣技艺水平高低的尺子。沈寿在《雪宧绣谱》中就刺绣光影有很完美的总结，它是仿真绣艺术的重要组成部分。《传习所留画绣摄影小记》后半段文字，生动说明沈寿刺绣善用求光技巧，能巧妙地运用蚕丝绣线自然反光的光学原理，结合刺绣画稿中的相关事物绣成仿真作品。沈寿刺绣技能如此高超，全是她刺绣实践中不断研究光与影对刺绣产生的物理作用，逐渐摸索、逐渐积累，终于总结出一套实用经验。事实证明刺绣艺术的提高，与"实践出真理"的唯物辩证法有重要关系。沈寿《传习所留画绣摄影小记》一文，关于刺绣光影内容的论述，应是沈寿较早的刺绣经验书面总结。通过代抄，也使张謇看到沈寿不但具有精湛的刺绣技艺，绣成众多不朽的传世精品。同时，她也有丰富的刺绣经验和深厚的刺绣理论水平。从而使张謇更加尊重沈寿，热爱她的作品。这也是驱使张謇以后主动与沈寿合作，承担绣谱写作任务的动力，积极将沈寿仿真绣艺术，总结提升为我国特色刺绣——"沈绣"的重要精神基础。

注释：

①《意女悟道图》是我根据刺绣作品内容取的题名，是否合适望众方家教正。因该绣在不同书中，曾有不同名称。如南通工艺美术研究所编印的《神针》，称它为《女优图》，又有书中称它为《意妓悟道图》。我给该绣重新取了绣名，主要为回避"妓"文字有污蔑、歧视女子之意，而原字的读音和本意也与"女"字相近。若用《女优图》作该绣题名，我个人认为也不完全符合作品主题内容。

②曹从坡、杨桐《张謇全集》卷五（下），江苏古籍出版社，1994年，第210页。

③曹从坡、杨桐《张謇全集》卷五（下），第289页。

④原文无标点。是本文作者为读者阅读方便，添加了标点符号。是否准确，还望读者斟酌。

参考资料：

曹从坡、杨桐《张謇全集》卷五（下），江苏古籍出版社，1994年

陈佐《沈寿》（江海文化丛书），苏州大学出版社，2010年

吴俊升的教育实践之路

瞿建东

吴俊升,字士选,1901年生于如皋南乡车马湖,2000年卒于美国洛杉矶。综观吴俊升百年人生,对我国的教育学尤其是教育哲学的建立贡献良多。在这个遍地"教育家"而求教育家又不得的时候,探讨吴俊升的教育实践事业,进而勾勒出一代教育家的生命历程有着现实的意义。本文采用文献分析法,试图梳理出其教育实践之脉络。拟从实践历程和实践特点两个方面进行阐述。

一、教育实践历程

本文为阐述更加明了,将吴俊升受教背景也放置其内。故从求学生活、南京高等师范毕业后初期的教育工作、留学巴黎、执教北大、对日抗战期间的教育行政、任职香港新亚书院时期的教育工作等六个方面阐述。

(一)求学经历

车马湖吴姓原来是如皋的名门望族,可是到了吴俊升这一代已经式微,吴俊升的祖父、父亲都以教读为业。父亲吴汉章(号云倬)秉承父祖遗志,安贫乐道,一生致力于乡邦教育和文化建设。吴汉章先后在各家私塾教读,而后到如皋师范学校进修。6岁时,吴俊升入邻居张空的私塾,并取名"俊升"。吴汉章从如皋师范学校肄业后受聘于车马湖李桥镇初等小学校长,吴俊升也随父入学,开始了新式教育。由于家庭拮据,高小毕业后吴俊升只能放弃中学,选择免费食宿的如皋师范就读。如皋县立师范学校,创办于清光绪二十八年(1902年),是我国最早规范设置的师范学校之一,虽地处偏僻,但教风谨严,倡导"沈笃醇和"的校风。在那里,吴俊升产生了对育人的兴趣。在如师求学期间不得不提一件事:日本提出"二十一

条"之后,师生发起抵制日货运动,将如皋巨绅开设的洋铺中日货搜出焚毁,年轻气盛的吴俊升乃引火第一人。这样的爱国行为为时人所赞许,这样强烈的民族危机感始终贯穿于吴俊升的一生,并深刻地影响着他的教育育人观。

1919年秋,由于学业优异,吴俊升毕业后留校在附小任教,并任一年级级任。这一年,杜威来华宣传实用主义,促进各级教育进行了一些改革。同年,新文化运动发展为五四运动,变革的热潮也席卷到如皋。如师和附小的教员创办《新心》杂志,输入了民主科学的新内容,鼓吹新文化,并发动反对地方旧势力。吴俊升深受影响,不仅参加由上海商务印书馆发起的教学新法改革竞赛,还与同事刘大绅、戴杰为商务印书馆编辑第一套全以白话文为教材的《(高等小学学生用)新法国语教科书》(商务印书馆,1920年7月出版),共六册,教育部评价"该部书形式实质两方面都还分配得宜"[①]。此乃吴俊升与商务印书馆文字姻缘之开始。

1920年秋,吴俊升经考试被南京高等师范学校录取,专攻教育学。当时的南高师提出训、智、体三育目标,师资力量雄厚,仅教育科就有陶行知、陈鹤琴、徐养秋、汪懋祖、吕凤子、程其保、郑晓沧、孟宪承、廖世承等名师,加上朴茂的学风,这些对从农村走出的吴俊升巨大的影响。理论还需实践,1921年,吴俊升师从著名心理学家陆志韦、廖世承,从事改订《皮奈西蒙智慧测验》,历时大半年赴南通、如皋、江都各县中小学进行测试。据测试结果,陆、廖编订《皮奈西蒙智慧测验》中文改订本。吴俊升在《纪念母校南高二十周年》的一文中说:"南高不仅完成了训练师资的使命,它还尽了孕育文化和造就学术界与事业界各种人才的责任。

在这一方面,它可和巴黎的高等师范学校相比。"[2]

南京高等师范学校不仅给了吴俊升扎实的学术训练,民主浪潮也深深地影响了他。怀着"教育救国论"、"科学救国"的美好愿望,吴俊升不仅被高师学生自治会选为评议会主席,还于1922年加入著名进步社团"少年中国学会"。1925年,在"少中"第五届年会上,无党派背景的吴俊升被推为会议主席。那次年会后"少中"逐渐由原来的学术的团体因政治分歧而解散[3]。25年后少中老会员再聚首时,吴俊升不由发出"梅庵雅集记当年,一曲广陵散失烟"[4]的感慨。

利用暑假,吴俊升在家乡与如皋师范校友魏建功等发起"平民社",这是五四之后南通地区最早出现的进步团体,后为如皋第一个传播马列主义的青年进步团体。11月1日,第一号刊物《平民声》公开发行,提倡平民教育,宣传反帝反封建思想。1924年"五卅惨案"发生,吴俊升在东南大学被推为"五卅惨案"后援会主席,发动南京各校与团体一致参加反日反英运动。这些都让吴俊升意识到:国家贫弱,自强之道在教育。

(二)毕业后初期的从教经历

1924年吴俊升从东南大学(即原南京高等师范学校,1920年在其基础上成立国立东南大学)毕业,经廖世承推荐被聘为附中教员,兼推广部主任,任教高中论理学、初中公民科目,同时在国立东南大学补修学分,获学士学位。教师的进步来源于他对现状的观察和思考。1925年,国内职业教育陷入低潮,吴俊升在《教育杂志》首次发表有关杜威教育学说研究论文《杜威的职业教育论》。1927年,吴俊升的《论理学概论》(中华书局)出版,两篇共七章,为师范学校教科书。论理学,今通译为逻辑学,为研究思维之科学,其任务则在于予学生以免除错误,探求真知之道。这是吴俊升教学之余的思考结晶,本书的出发点是给孩子什么的思考方式,首先要给师范生以思维方式的概念——即一方面需有能思之机能,另一方面亦需有所思之对象,将二者相结合,然后始能展开思维之历程。

青年教师吴俊升以写作为载体,反思自己的教育实践,在搜集积累自己的教育矿藏的过程,也是总结提炼自己的教育智慧教育艺术的过程。这样的写作和反思往往又会让自己陷入一种精神困惑,为了解决自己的困惑,也是对教育的不断追问,吴俊升选择了留学之路。

(三)留学巴黎

1928年吴俊升与夫人倪亮(南高师首开"女禁"之后第一批教育系女学生)在巴黎大学文科注册入学。吴俊升选修了福谷奈(Paul Fauconnet)教授的社会学,及瓦龙(Henri Wallon)教授的心理学,课余广涉法文,哲学、教育学等课程。三年后,吴俊升向巴黎大学申请取得毕业的同等资格后开始参加福谷奈主持的博士论文研究班,定《约翰杜威之教育学说》论文方向。夫妇二人节衣缩食,互相鼓励,经过一年多的资料搜集和写作,二人的博士论文终于在1931年同一日在巴黎大学答辩通过。巴大图书馆将二人的论文合订一册,依规章将二人论文印99册后备送世界各大学,此举在留法学生中传为佳话。

在吴俊升巴黎求学的四年里,不得不提的是吴俊升与杜威的一段学术因缘。1930年秋季开学,杜威与爱因斯坦一道接受巴黎大学名誉博士学位。一方面法国对杜威的教育学说没有系统的介绍,又因为中国教育受杜威的影响特殊,因而福谷奈鼓励吴俊升以杜威的教育学说为论文题。在法国拉丁区一旅馆,吴俊升在福谷奈教授介绍下得以面谒杜威。吴俊升就论文大纲请杜威指正,并提出将杜威的《我的教育信念》翻译成法文作为论文附录,得其嘉许。

专业的学术训练,对杜威学教育思想的系统梳理,让吴俊升敢于打破权威,回国后对国内杜威教育理念盲目崇拜和狭隘实用主义有了清醒的批判,并逐渐融入了自己的建构。

(四)执教北大

1931年学成归国,吴俊升受北京大学校长蒋梦麟之约聘为教育系教授,任教教育哲学、教育社会学、教育原理等主要课程。吴俊升此时还未满三十,在国内最高学府任教,自感"栗栗危惧"[5]。吴俊升依课前预编讲义进行授课,课后再及时发现不足来充实讲义,不久成为受欢迎的教授之一。两年后,吴俊升受聘兼教育系主任,因为7年前曾发表《国家主义的教育之进展及其评论》一文,受国民党当局警告,但吴俊升坦荡地承认自己同情国家主义派。

当时的北大,教育并不是被看重的学科。虽

然北大校长为国内备受推崇的教育专家，但校内的傅斯年、胡适等学术领袖并不重视教育学科，教育学也备受冷落。但北大良好的学术氛围让吴俊升多从教育哲学和社会的根本来看教育，同时不跟风于当时流行的种种教育新法，所以吸引了大批优秀学生。吴俊升指定学生读英文参考书，作阅读报告，并在课间作讲解和讨论。这样增加了他们自动学习的兴趣和阅读英文资料的能力，对他们出国进修大有裨益。当时的教育系培养出后来北大校长陆平（原名芦荻）、河北教育厅厅长阎顾行、著名教育学者腾大春等优秀人才。

1934 年，吴俊升与同事刘廷芳、杨廉等组织"明日之教育社"，为《大公报》按月发刊《明日之教育》副刊，吴俊升写下了大量针对当时教育界的时文。首先是倡导教育中国化。"中国教育学科是'西学东渐'的产物，是在翻译西方教育学科的过程中形成的。在这一过程中，源自西方的教育学科必然与中国教育实践之间产生某种摩擦或张力，因此，如何克服它们，使教育学科贴近中国教育实践，并裨益于中国教育实践，自然成为许多中国教育学者百年的学术追求。"⑥《明日之教育》一方面开辟"各国教育一瞥"，大量介绍欧美日各强国的教育概况；同时，该刊也明确表示教育中国化主张。吴俊升在《对于国联将派教育专家来华指导教育技术的感想》一文中指出："一个国家教育方策的决定，必须参酌国家过去悠久的历史和复杂的文化，以及现在社会的各种经济，政治，法律，风俗习惯的实在状况，方能适应本国的需要。"⑦作为专业的教育学留洋博士，吴俊升并没有把西方专家或理论视作中国教育的"救世主"，认为教育的问题并不是纯粹的技术性问题，强调："需要一批专家来分析中国过去的文化，民族精神以及社会现状，发现中国所确实需要的教育理想和方法，而这班专家，自然以中国人为宜。"⑧

其次是发起探讨中国教育哲学之方向。围绕中国教育哲学方向的辩论就开始于《明日之教育》第 43 期（1934 年 11 月 5 日）刊载吴俊升的《中国教育需要一种哲学》一文。吴俊升指出："现在的教育，所以这样的漫无目标，便因为这多年的传统的哲学根本被推翻了而新的哲学尚未建立起来。因为没有一种哲学做根据，教育的目标既然无从规定，于是大家便丢开渺茫无着的目标而注意到

具体的可以把握的，也是立刻可以见诸实施的方法问题上去。"⑨而后在与读者赵子凡的讨论中再次指出哲学的功能"远察历史演进的历程和结果，近观时代的转向，订立一个思想"，由此"希望全国的各门学者一起来考察这个过程，确定一种普通的哲学"⑩。此外，吴俊升还在《大公报》的《星期论文》（1934 年）发表有关时局的论文《中国没有抗日教育》、《论国难期内的教育》等时文，产生深远影响。

在北大的那段时间无疑是吴俊升一生中教学和研究收获最丰富的时期。《教育哲学大纲》（商务印书馆，1935 年）、《德育原理》（商务印书馆，1935 年）、《教育概论》（正中书局，1935 年）、《杜威之教育学说》（法国 Les Press Modernes，1931 年）等极具影响力的著作及论文《杜威的教育学说》、译著《实践道德述要》均在这 5 年内完成。

其中，《教育哲学大纲》是吴俊升由北京大学上课时的讲义而出版的第一部教育著作。该书 1924 年在上海印行出版，后在重庆、台湾不断再版，1961 年出增订版，并译成英、法、意、西班牙文等多国文字。不仅为我国师范院校广为采用，且为历时最久的大学用书，影响力很大。吴俊升从实用主义哲学的立场出发，以试验主义与社会哲学尝试建立中国教育哲学。在对当时中国社会和教育状况进行比较充分的体认基础上，逐步从简单学习、吸收国外的教育哲学转向独立地进行探索。当代著名教育家黄济曾说："我个人在编写《教育哲学》（北京师范大学出版社，1985 年）那本拙著的过程中，从中摘引了许多有用的资料，也可以这样说，没有吴俊升教授的《教育哲学大纲》，也不会有我的《教育哲学初稿》。"⑪由此可见吴俊升对我国教育哲学学科建立的奠基之功。而《教育概论》一书则被孙喜亭认为 1949 年以前数百部中国教育学著作中由"最有影响的代表作"⑫，先后重印达 50 次。

在 2006 年福建教育出版社推出的《二十世纪教育名著丛编》中，《教育概论》、《教育哲学大纲》、《教育原理》均为再版之列，可见彼时吴俊升研究成果影响之巨，也见证其在教育理论构建中的重要地位。

（五）抗战时候的行政工作

中日开战，在美国考察教育的吴俊升紧急回

国。此时北大已与清华、南开南迁，他历经生死赶赴长沙。后随三校迁至南岳，任三校文学院院系委员会主席。1936年底，一封急电将不带任何党派背景的吴俊升招至汉口（国民政府教育部临时办公点），委任高等教育司司长，次年一月上任。面临的复杂而严峻的形势，颇有"受任于乱军之际，奉命于危难之间"的意味。吴俊升在回忆录认为："由于新上任的教育部部长陈立夫对我教育言论和教学业绩颇有印象；二来我在南方大学受教，而在北方大学任教，对两地高等教育均有了解，故任此职。"⑬在这一职位上，吴俊升一直到1944年行政院改组，计七年，几乎与抗战相始终。

抗日战争爆发后，大片国土沦陷，文化教育事业也遭受重大损失，"当时平津京沪各地之机关学校均以事变仓促不及准备，其图书仪器设备能择要转运内地者仅属少数，其余大部随校舍毁于炮火，损失之重，实难估计"⑭。所以，吴俊升一上任就面临三个急需解决的问题：第一，高校内迁问题；第二，非常时期教育质量的问题；第三，高校是紧缩还是发展的问题。吴俊升任职的七年间呕心沥血，建树颇丰。他自己也认为："这是我一生在事业方面较有成就的一段。"⑮面对大多院校无法在原地维持的惨状，吴俊升致力安置流亡学生，赓续弦歌，主持了这一教育史上空前壮观的大迁徙。他往返于沿海沿江大城市，与高校负责人一起拟定迁移的具体计划，如内迁地点的选择、房舍的建筑、图书资料仪器设备的运输、师生生活安排等，都得一一考虑周到。

针对当时民众对战时教育提出更高更急迫要求的情况，吴俊升在《大公报》发表《论国难期内的教育》，指出："国难期内所需的教育不应该只是应付非常局面的教育而应该是应付'来日大难'的教育。"⑯因此，吴俊升的教育施政是在一个比较具有前瞻性的目标下进行的。吴俊升上任后，充实教育司科员，针对弊病拟订实施一系列政策，如学生贷金办法、导师制办法、大学组织规程、课程整理办法、大学教师资格审查办法等。早在1931年国际联盟教育在中国考察高等教育后指出："外国教育之影响甚巨，对于重要学科之研究，大半皆藉一种外国语为媒介，所用材料及例证亦多来自外国。"⑰针对多年来未改的高校现状，战时高等教育不仅注重数量，还注意到素质的改进，如整理大学

课程、编印大学用书、举办统一入学考试、实行毕业总考、推行导师制度，对战前课程不切中国国情、内容支离、教员资格冗长、学生实力相差悬殊等状况加以改进。几年后，各学校终于能将课程标准，教材标准统一起来，一举改变了中国大学课程无中国特色、课程无中国教材的局面，为收回"文化租界"起了决定性作用。同时，国民党政府推行与经济相配合的教育措施，比如"建教合作"。所谓"建教合作"，指的是国防及生产建设事业及教育事业的合作和沟通，以适应抗战的整体需要。教育机关（其中主要是高等学校）和研究院所纷纷与有关工厂合作，共搞战时科研和生产。譬如，1939年5月教育部会同经济部、交通部、军政部与航空委员会共同拟订了《理工学院与各种工厂合作办法》，指定了近百家工厂与所在地的理工学院办理合作事业，以增加军需生产⑱。

同时，为解决流亡青年的膳食、被服等后顾之忧，吴俊升手拟贷金制度，后来索性改为公费，这一举措优惠学生达十三万人之多，使流亡青年能完成学业。条件之困苦简直难以想象。此外，吴俊升还提议政府资助学生赴英、美留学，扩大学术交流。在连天的炮火中南来北往、东奔西走，询问校情，慰问师生，解决困难，推行新政，历尽种种艰辛。在吴俊升的任期内，高等教育的规模也不仅没有减少，还在学校数量、学生人数上获得了较大发展，而且在教学规模和教育制度上均有所扩充和创新。据统计，战前全国专科以上学校仅108所，学生4万余人。到1945年第一学期统计，公私立专科以上学校达140所，学生达8万3千余人，比战前增加了两倍⑲。另战前只有12所大学设有研究学部，战后有24所高校设有研究学部89所⑳。专科以上学校学生籍隶于战区且经济来源断绝者，可以申请贷金，后又一律改为公费。享受这种贷金或公费者每年常在5万至7万人左右㉑。在师范教育方面，战前国统区仅有北平师大一所高等师范学校，到1945年，在国统区已有师范学院11所，其中独立师院6所，附属于大学的师院5所。这11所师院共有学生9062人㉒。固然，当时高等教育政策也服务于国民党的政治体制，但也要看到它对于抗战的坚持、教育的维系和发展具有不可低估的积极意义，晚年吴俊升在自传中认为这段任职是对国家作出较大贡献的。

（六）在新亚的日子

1950年，吴俊升在钱穆等学者创办的新亚书院执教一年后去台湾。在1954至1958年之间任教育部次长。1959年，钱穆赴耶鲁大学东方研究系讲学，邀吴俊升回新亚担任副校长，并暂代校长一职。1965年7月至1969年6月间，吴俊升继钱穆之后任第二任校长。

在吴俊升任职期间，宣布公开、公平、公决三原则，努力把新亚打造成一学术团体，以行政为教育与学术服务，而不为官僚机构。学生本科训练扎实，成绩也为三个基础学院中最优，无论拿奖学金人数还是出国留学人数都有比较大的优势，学生每五人中就有一博士。吴俊升亦曾言及新亚精神，认为是"不怕困难，不畏艰苦的创造"，"尊重我们固有的文化传统"，"对于社会、国家、人群有一种责任感"以及"师生的亲切的关系"②。

辛苦的行政并没有让花甲之年的吴俊升止步于学问研究。1959年吴俊升获亚洲协会资助赴美继续研究杜威教育哲学，成论文《杜威之教育理论与实施价值之再评价》，后在哥大参加杜威百年诞辰纪念会。1961年，在《新亚学术季刊》上发表《约翰杜威教授年谱》。1962年出席芝加哥举办的杜威学会，后在夏威夷东西中心，译杜威在华教育演讲中文记录为英文，并独立研究"杜威在华演讲及其影响"一题。在夏大期间，前往意利诺大学杜威研究中心参观，并商讨该中心有关杜威全书编辑计划，并会晤众多知名杜威学者，如 George Edward Axtell、Childs、Counts 等。1973年与 Robert Clopton 教授共同将杜威在华演讲翻译成英文《John Dewey, Lectures in China 1919－1920》，由夏威夷大学出版部出版。1985年，杜威在华教育演讲的英文译稿二、三集由中国文化大学出版社出版。

这段时间既是吴俊升将新亚平稳过渡的阶段，也是吴俊升对杜威研究的一个深入和总结阶段。

二、教育实践的特点

（一）吴俊升各方面的教育实践经验几近完全，这在近现代中国教育史上并不多见。从教育背景来讲，从初级师范学校，经过高等师范学校到大学与研究院，循序渐进，吴俊升没有欠缺哪一阶段；从教书育人角度，吴俊升先后教过小学、中学、师范学校，而后任大学教授；就学校行政方面，做过小学级任、中学教务主任、大学系主任、院长；就教育行政方面，做过科员、主任秘书、高等教育司司长和教育次长；再就教育著作而言，吴俊升编选过小学课本，写过中学和师范学校教科书，也写过大学用书，著有多种教育理论、教育史。温家宝总理最近撰文指出："要造就一批教育家，倡导教育家办学。我们有许多优秀的科学家受到社会的尊重，我们更需要大批的教育家。"（《温家宝在国家科教领导小组会议上的讲话》，2009年1月4日）目前，我们缺乏真正的教育家，因为我们的教育是非专业化的官员办学。可是官员不能代替教育家，教育家必须是在丰富的实践道路上一步一步走出来的，当然也不是用金钱、理论和经验灌输出来的；教育家应该是实践意识的自我觉醒；教育家的诞生是需要长期实践的积累和水到渠成的孕育。真正的教育家应该是身先受教育，不愧为慎重而高尚的人；而现代的许多教育家是概念和言语的制造者，一下子站在教育发言权的"最高点"。

（二）吴俊升的教育实践深受杜威影响。著名教育学家孟宪承教授自谦地说：中国真懂杜威者只有两个半人，一是胡适，一是吴俊升，另半个是孟宪承③。吴俊升一生跟踪前沿教育思潮，从25岁发表自己的第一篇研究杜威教育思想的论文，晚年依旧埋头于杜威研究，无愧"中国杜威"之称。在杜威访华时，无论是东南大学还是南京高师时代，在校长郭秉文领导下，南高师教育科已经聚集了陶行知、郑晓沧等哥伦比亚师范学院的留学生。吴俊升是这样评价的："如果说北大成为传播杜威对中国思想影响的大本营，那么'南高则是他对中国教育影响的广播站'。"④我国教育家陶行知提倡生活教育、陈鹤琴提倡活教育、晏阳初推广平民教育，都是受了杜威的启发，而当时在高校首先开教育哲学这一科的就是南京高等师范学校，吴俊升成为最早系统接受杜威哲学思想教育的学生，而后在兴趣的指引下成为研究杜威最用心的一位学者。

受杜威实用主义教育思想影响，吴俊升与王西征合著的《教育概论》成为当时最有影响的代表作。该书改变了以往对西方思想家翻译为主，述而不作的做法，最重要的是不限于杜威原体系结构,而是依据自己思想吸收当时中外教育科学尤其是心理学方面的研究成果,形成了一个严密而又简明的教育学体系。

受杜威的实用主义哲学影响,吴俊升在哲学观点上推崇实验主义,形成一部在内容上极为充实的《教育哲学大纲》。该书以实用主义的观点将当时各观点统一起来,被视为以实用主义哲学观为基础的代表作。1982年为纪念杜威逝世30周年,积吴俊升一生研究之功的《增订约翰杜威教授年谱》完稿并于次年由台湾商务印书馆出版。

(三)吴俊升的教育实践烙着国家主义的印记。从如皋城内的引火第一人到"五卅"集会上的悲愤演讲,吴俊升一生历经战乱,切身体会到"教育救国"的重要性,因此国家主义教育思想也贯穿于吴俊升教育理念中。作为民族主义教育思想的一种极端形式,国家主义教育思潮既是当时世界性的教育趋势,也反映了当时中国知识分子的心态变化。公理无法战胜强权的冷酷现实使部分知识分子很快认识到民族主义仍是各国行动上的主导原则,而国际主义与和平主义不过是纸上画饼。要达中国强盛的目标,教育实为非常重要之手段,必须借教育统一国民思想与意志。国家主义派认为国家主义应为教育的根本宗旨。吴俊升认为教育应当着眼培养"民族性"、"国民性",增加其"结合力"。在他的著作《教育概论》中用了大量的篇幅分析中国教育的历史与现实表达自己的焦虑与担忧。在《教育生涯一周甲·自序》中,吴俊升认为:"以后将来国际关系无论如何改进,预计千百年后还脱不离一个强权胜过公理的世界。所以为了维持中华民族国家的独立生存,还不能在教育上忘记国家主义。"⑬不过其原有的民主主义的思想使他对极端的国家主义保持某种警惕,在他看来,最好将国家主义与平民主义结合起来,防止过分重视国家,轻视个性⑬。

三、总结

中国的教育在炮火的洗礼中被迫融入西方的教育,第一代教育学者艰难地探索着教育及教育学的建设,吴俊升只是其中一员。不可否认,那是中国教育学发展历程中蔚为壮观的一个时期,也是那一代学者自我意识觉醒的时期。作为杜威思想的系统研究者,吴俊升在继承和发展实用主义

教育理论和反对封建主义、形式主义的基础上,根据中国当时的具体情况和特点,提出了许多符合中国国情的看法。吴俊升晚年曾以"教育界老兵"⑧自居,在对现代教育精神的解释时,他认为"现代教育精神寄予教育目的的社会化和教育方法的个体化"⑨。由此,我们不能不对吴俊升对教育之精神内涵有更深的体认,也更能体悟到一位教育工作者应心怀教育理念化育学生,注重教学差异,使受教者成为价值存有者。研究吴俊升的教育实践就是研究他思考活动的过程——充满思考的活动和充满活动的思考。

以上是对这位先行者教育实践事业的梳理,尽量还原的是吴俊升成长的艰辛而富有探索意义的"过程",而不是"功成名就"的结果。相信本文有助于人们了解吴俊升的教育事业,进而也能从中窥知我国教育发展的历史脉络。

注释:

①吴俊升等编《(高等小学学生用)新法国语教科书》,商务印书馆,1920年,版权页。

②《南京大学报》2003年5月20日,http://www.nju.edu.cn/cps/site/ndxb/030520/xscl.htm。

③吴小龙《少年中国学会研究》,上海三联书店,2006年,第247页。

④吴俊升《丁亥元日奉和曾幕韩社长试笔诗》,转载于《吴俊升空暨夫人倪亮女士年谱》,三民书局(台北),1997年,第108页。

⑤吴俊升《教育生涯一周甲》,传记文学出版社(台北),1977年,第53页。

⑥瞿葆奎《中国教育学科的百年求索——〈二十世纪中国教育名著丛编代序〉》,福建教育出版社,2006年。

⑦俊升(即吴俊升)《对于国联将派教育专家来华指导教育技术的感想》,《大公报·明日之教育》第3期,1934年1月22日。

⑧同⑦。

⑨吴俊升《中国教育需要一种哲学》,《大公报·明日之教育》第43期,1934年11月5日。

⑩俊升(即吴俊升)《写在赵空的文章后面》,载《大公报·明日之教育》第52期,1935年1月7日。

⑪黄济《教育哲学通论》,山西教育出版社,1998年,第302页。

⑫孙喜亭《中国教育学近50年来的发展概述》,《教育研究》1998年第9期。

⑬同⑤,第63、59页。

⑭教育年鉴编纂委员会《第二次中国教育年鉴》,第二

章《抗战时期教育》，商务印书馆，1948年，第8页。

⑮同⑬，第59页。

⑯《1937年以来之中国教育》，原载《教育通讯》复刊第2卷第9期。

⑰司琦、徐珍《吴俊升空暨夫人倪亮女士年谱》，三民书局（台北），1997年。

⑱吴俊升《抗战四年来的高等教育》，《教育通讯》第4卷，第26、27期合刊，1941年。

⑲《第二次中国教育年鉴》，第一编，第二章，第11页。

⑳朱家骅《十五年来之中国教育》，载《教育通讯》复刊第1卷第5期，1946年5月1日。

㉑同⑲。

㉒教育年鉴编纂委员会《第二次中国教育年鉴》第七编第二章，第11页。

㉓吴俊升《新亚精神——一九六八年九月十三日第一百零六次月会讲词》，《新亚生活双周刊》第11卷8期，1968年10月25日。

㉔转引自李剑萍、杨旭《中国教育报》，2009年7月7日第4版。

㉕吴俊升《教育与文化集》，台湾商务印书馆，1973年，345页。转引自元青《杜威与中国》，人民出版社，2001年，第182页。

㉖同⑤，第1页。

㉗吴俊升《国家主义的教育之进展及其评论》，载《国家主义论文集》，沈云龙主编《近代中国史料丛刊》第91辑，文海出版社（台北），第123～137页。

㉘吴俊升《我的教育信念》，转引自司琦、徐珍《吴俊升空暨夫人倪亮女士年谱》，第288页。

㉙吴俊升《学记与现代教育精神》，载《庚午存稿》1991年，台湾商务印书馆，第7页。

试论如皋长寿养生文化的性质、地位及发展构想

康爱华

一、如皋文化名城建设取得的成绩和面临的竞争

近年来如皋冲刺江苏省历史文化名城工作得到有力推进。保护与传承并重,文化遗产保护事业取得很大成绩,历史文化资源的挖掘整理得到很大强化。《如皋市申报历史文化名城文本》《如皋市申报历史文化名城专题片》《如皋市历史文化保护规划》等资料和规划得到充实和落实。第三次全国文物普查工作中如皋取得很多新成就,顺利通过了省专家验收,南通市还在如皋召开了文物普查工作现场会。如皋简易师范学堂申报国家级文物保护单位已通过省文物局审查,并报送国家文物局。非物质文化遗产保护和申报工作也迈上新台阶。水绘园扩建工作成绩斐然。集贤里民居保护方案和维修施工方案通过省和南通市审查,王学士宅修缮任务等重要工程已经基本完成。白蒲镇申报江苏省历史文化名镇等工作都有很大进展。总之,工作成绩喜人,令人振奋。

但是另一方面,在横向比较中,当前各地区各省市都很重视历史文化遗产保护和建设,这导致如皋的工作面临非常激烈的竞争形势。在省内历史文化名城建设的竞争中,如皋与其他城市相比,虽然有自身特色和长处,但是也有相对的缺憾和不足之处。历史上看,南通地区形成陆地时间相对较晚,郡县建制时间也相对较晚。虽然如皋西北部与海安成陆时间在南通地区最早,但是如皋置县,当在东晋义熙七年(411年)。以如皋名称正式置县,则在南唐烈祖李昇时期。这个历史在全省范围显得不够悠久。如果随意做些横向比较,徐州地区作为刘邦及其开国将相故里,作为重要诸侯封国,有重要汉墓和兵马俑,可以大力开展汉文化保护研究;古海州连云港可以进行徐福文化研究,如皋则缺少这类条件。唐代扬州繁盛无比,甚至在全国范围占有“扬一益二”重要地位,而当时南通市区还是安置流人的海中沙洲胡逗洲。如果我们在唐代历史文化保护开发方面与扬州竞争,恐怕会形成以短击长局面。镇江的三国文化保护研究、苏州常州的吴文化保护研究,各有其特殊优势。在江苏省内竞争形势尚且如此,在全国范围,特别与中原地区中华文化发祥地比历史文化,想要脱颖而出,压倒群雄,无疑难度太大。显然,找到如皋的独特亮点独特优势,将是如皋顺利突围的关键所在。

二、如皋最大亮点在于长寿养生文化

在全国范围甚至全省范围,说到如皋的历史文化名城地位,了解的人尤其认可的人可能不太多,但是说到如皋的长寿之乡地位,了解、认可、羡慕、向往的人无疑很多。中央电视台等国内权威媒体、港澳和欧美等国新闻媒体多次报道过如皋的长寿特点。1998年11月,香港《明报》根据全国人口普查资料统计报道,江苏如皋与广西巴马、湖北钟祥、四川乐山、新疆克依、辽宁兴隆并列为全国六大长寿之乡。根据人口普查资料得出的结论,最有说服力。如皋有百岁老人251人,绝对数量位居全国县(市)之首,而广西巴马有69人;湖北钟祥有48人,绝对数量都远远不及如皋。从比例分析,联合国规定的长寿地区主要指标是百岁老人达到0.75/万,中国规定的长寿地区标准为百岁老人达到0.3/万,而如皋百岁老人比例达到1.73/万,远远高于我国和联合国的标准。此外如皋八九十岁以上老人数量也非常多,是当之无愧

的长寿之乡。而且世界上和国内闻名的长寿之乡往往在高寒地带，或者偏远的山区。而如皋地处江海平原，是我国经济发达的沿海地区唯一的长寿之乡，这在国内绝无仅有，在世界上也非常罕见，因而具有巨大研究价值，引起国内外新闻媒体和研究机构的特殊关注。早在1997年，中央电视台一、二、四套节目播放如皋十位百岁老人齐赴《千岁宴》重要新闻，随后加拿大《环球时报》、德国《世界报》等海外报纸先后来如皋采访长寿问题。如皋寿星陈邦英老人在香港回归前夕，亲手制作100只香袋寄赠香港儿童，香港特别行政区长官董建华专函致谢，成为广泛传播的动人佳话。1998年春节之际，如皋十位百岁寿星制作"拜年贺卡"，借中央电视台春节联欢晚会向全国人民拜年，一度被国内外媒体广泛传播，受到国内老龄问题专家的重视。中国老龄科研中心也曾派人对如皋50位百岁寿星进行健康调查。

2002年10月首届"如皋·中国长寿文化节"成功举办，向世人充分展示了如皋作为长寿养生福地的迷人风采。105位百岁及高寿老人同赴"太平盛世万岁宴"，把长寿系列文化活动推向高潮，堪称中国历史上前无古人之盛世壮举。

2003年中央电视台《夕阳红》栏目组多次进驻如皋实地拍摄如皋长寿老人生活花絮和长寿文化活动，作为《夕阳红》开播10周年特别节目《今又重阳》的主背景和重头戏，让世人分享如皋长寿文化的乐趣，感悟如皋长寿文化的真谛。以上国内外重要媒体报道的同时，如皋长寿文化研究也得到长足发展，不但国家有关机构深入研究，如皋本地的研究工作也得到开展。2002年6月，"如皋市长寿研究会"成立并且不断进行调查研究。长寿文化理念得到广泛推介。总之如皋长寿之乡的独特地位，是如皋的最大亮点。现代社会经济越发展、工业化时代环保问题越严重、人们生活水平越提高，如皋长寿养生福地这一亮点越受关注。

三、如皋的长寿养生文化历史悠久

如皋长寿现象既有相当丰富的历史文献记载，也可以通过如皋的村庄、街巷、里坊、寺庙、桥梁、水井等地名、建筑物名称和大量民俗文化名物，感受如皋长寿文化观念由来已久。根据民国

如皋县志统计，计有百岁坊6处、百岁庄1处、百岁巷1处，百岁桥3座、百岁井2口，有涉及长寿的寿山、寺庵6处。还有百岁床、百岁衣、百岁碗、百岁杖、百岁锁等大量涉及长寿的名物。这些扎根民间的名物，反映长寿文化观念深入如皋民心，深入普通百姓。如皋民风淳厚，人们心态乐观平和，勤劳质朴，俭朴淡泊，明嘉靖三十九年《如皋县志·风俗》载，如皋百姓"其性驯柔，其俗质实。民畏法而耻罪，士读书而循理。征科易集，讼狱稀简……冠、昏、丧、祭，习尚俗礼，多俭约之风。"人们性情和顺朴实，耻于狱讼纷争，崇尚读书循理，生活俭约，礼法从俗，这种淳厚民风利于养生。1933年的《江苏省志稿》中考察全省民风，如皋民风被定为"淳厚"。"孝道"是如皋民风又一特点，敬老爱老风尚在如皋代代相传。俗语"家有一老，如有一宝"，是如皋人的普遍认识，敬老可谓如皋的乡规民约。子女把长寿老人看成家庭的荣耀，家有高寿长者，子女在社会上就受到尊重，这为老人健康长寿提供了最佳社会环境。而长寿老人乐观祥和，坦荡豁达，喜爱粗茶淡饭，喜爱体力劳动的生活方式和精神风貌，又为中青年人树立了生活榜样。

民国县志的统计数据令人震撼，而徐建平先生根据道光、同治两种县志仔细比对，发现民国县志的统计很不周全，例如百岁坊竟漏掉十座之多。关于如皋长寿老人的记载，明清至民国多种县志、宗谱家谱、某些特殊的如皋乡土志（如光绪三十一年奉旨印行者）都有记载。不仅记载了数以千计长寿老人的姓名、性别、年龄，还记载到长寿老人基本经历、个性特点以至家庭成员等史料。时间如此早并如此丰富的长寿人文史料，在世界范围罕见，异常珍贵。这些史料对深入研究长寿文化有特殊重要的价值。

如皋历史上很多长寿人物故事脍炙人口，时间早而事迹感人者如三国吴国大将吕岱，《三国志》卷六十有传。吕岱长期征战，战功显赫，他曾担任交州刺史、广州刺史，开疆拓土，建立中国与南海诸国联系，功劳与通西域的班超可以并列。交趾（今越南）实力派企图割据，吕岱亲率水军渡海突袭，大获成功。吕岱80岁老当益壮，亲自带兵远征，平定廖式叛乱。官拜镇南将军交州牧，史称吕岱"体素精勤，躬亲王事"，奋威将军张承感动

不已,写信给吕岱,信中的评价真实具体:

> 文书鞅掌,宾客终日,罢不舍事,劳不言倦,又知上马鞍自超乘,不由跨蹑,如此足下过廉颇也。

吕岱到了80高龄还整天处理文书、接待宾客,但是疲倦不停歇,劳碌不说累。而且不但能骑马,还总是飞身一跃而上,确实超过老当益壮的战国名将廉颇。吕岱92岁拜大司马,身份为全国最高军事长官;96岁去世,葬于如皋高阳荡。吕岱为人清廉奉公,他在交州时期顾不上照顾内地家人,妻儿贫乏,孙权得知很感动,特地赠送粮食绢帛,并以此教育群臣。吕岱临终遗嘱"素棺、疏巾"而葬。汉以来风俗,中人以上棺木多有油漆彩绘雕刻,素棺等于白茬棺材,疏巾不过普通男子头饰。这种俭朴淡荡态度令人感动,但这种心胸正是长寿情怀,弥足珍惜,值得弘扬。1969年春,通扬运河林梓镇段拓宽施工,发现吕岱墓,墓葬简陋,印证了"素棺疏巾"之说。可惜"文革"期间,古墓未能保存。今若在其遗址修复墓葬,修建纪念设施,意义深远。

宋代寿星李嵩赏牡丹故事,很能反映如皋风俗。宋孝宗时孝里庄有牡丹盛开,是珍贵品种魏紫,受人喜爱。有杭州观察推官路过,想要移走。掘土尺许,见一石如剑长二尺,题:"此花琼岛飞来种,只许人间老眼看"遂不敢移。此后当地老人生辰逢花开者,必来赏花喝酒祝寿。80岁老人李嵩三月初八生日,每年必来赏花祝寿,一直活到一百零九岁,赏花祝寿三十年。石上题字有神秘色彩,老寿星赏花祝寿三十年之久,此事广被传播称颂,元代文人陈应雷为此作《题孝里庄牡丹》诗一首。清乾隆《如皋县志》、嘉庆《如皋县志》、袁枚《随园诗话》都有记载。郭沫若《读随园诗话札记》中有《如皋紫牡丹》诗,对石上题句的解释很有见地也很有趣。郭沫若认为"护花预为防移植,埋石居然止盗侵。"在栽花时候就把刻字石条埋在花下。到时候会吓走借助势力想移花的自私者。魏紫本是洛阳珍品,宋孝宗时洛阳沦陷,此花不知如何栽种成功,称为琼岛飞来种不为过。"只许人间老眼看"反映当地敬老心理厚重,此花首先保证老人祝寿,简直是一种乡规民约。此花至今一直在如皋南乡受到保护,繁衍不息。这是如皋长寿文化的美好象征。

四、如皋长寿养生文化的综合性、人文性、持久性特点

如皋长寿之乡的地位引人注目,1998年到2002年曾经引发相当集中的宣传报道热潮,至今仍然不时见诸报道。但是怎样把如皋长寿文化的宣传推介工作推向新的高度,怎样深化长寿文化开发工作,应该是今后工作重点。如果工作的第一阶段是宣传报道阶段,让人们了解如皋长寿,那么第二阶段人们就想探寻长寿的原因,甚至给自己寻找借鉴,寻找食品饮品和生活方式。显然,对此须要主动引导,而不能滞后;须要科学引导,摆脱误区;须要适应现代生活方式,追求综合效益。

追求长寿,是人们普遍愿望。但是怎样达到长寿,历来存在不同思想和行动方式。祈求灵丹妙药和特殊手段,祈求立竿见影的长寿食品和饮品,是人们最大误区。从古至今,人们深陷这一误区,失误的表现多种多样。秦皇汉武迷信海上仙山的灵丹妙药,徐福等方士因而被派遣出海,为了表示虔诚的敬神心愿,还带上五百童男童女准备作为奉献,可惜他们走上一条不归之路。后代很多帝王权贵迷信阴阳采补之术,黄帝御千女而成仙;日御十二女可以长寿等邪说盛行,于是连年选秀,献房药秘籍者受重赏。但结果是中国帝王平均寿命只有34岁多一点,而且很多帝王没有子嗣。

寄希望于特殊食品、特殊饮品、特殊环境,大概社会各阶层都有这种愿望。但是绝对化的长寿食品饮品,只有《西游记》中的金丹玉液人参果。即使偏僻山区某个长寿村落,当代医学化学的分析也找不到特效食品。在如皋这种人口超百万的持续长寿地区,长寿是多种因素的综合产物,食品、饮水、空气、环境、遗传基因、性格、心态、价值观念、生活习惯、民风民俗等等,都共同发挥重要作用,这种综合性可以看作如皋长寿文化的第一个重要特点。很多好像自然的东西,其实充满人文积淀,是无数如皋人世世代代劳动的结晶,这可以看作如皋长寿文化的第二个重要特点。在这个背景上说,养生文化是通向长寿的核心价值观念,我们须要系统挖掘整理,深入研究梳理,形成体系性。第三,如皋长寿养生文化是一种长期形成的、多少代如皋人持久贯彻的生活方式。这种持久贯彻的生活方式,被人们看得如同本性本能一样,只有比较才能认识,只有持久才有巨大成效。

人们常有一种思维惯性，特别看重特殊自然条件，总觉得某些地方出产特殊食品、有特殊水源、特殊环境等等。因此我们对影响如皋长寿的重要条件，不妨逐一分析研究。通过研究可以发现，如皋长寿文化的综合性、人文性、持久性特点，都体现在如皋长寿的各个重要环节中。

（一）食品

就以如皋特有的长寿养生食品来看，所有久负盛名的长寿养生特产，诸如如皋茶干、如皋黄酒、如皋银杏、如皋火腿、如皋香肠、如皋肉松、林梓潮糕等加工产品，以及如皋萝卜、如皋油米、如皋玉米、如皋荞麦、如皋黄鸡以及其他优秀的原料性农副产品，都经过精心加工制作，或者经过人们长期养殖培育才形成。如皋萝卜大量被加工成小包装萝卜条远销外地；茶干和黄酒加工方面，如皋各乡镇形成竞争态势，白蒲镇产品现在处于领跑地位；如皋银杏的加工制作尤其令人称道，清末民初石合泰在北京设立的分号，就以销售这种"如皋金果"享誉京城。各种例证都说明，长寿食品本质上是自然和人文智慧凝聚的产品，是一种历史文化产物。

（二）林木花卉

如皋长寿与林木茂盛、绿色满眼、空气清新紧密相关，这种环境也充满人文历史色彩。如皋人自古珍爱林木，栽培保护形成传统。如皋普通农家都讲究"前种大树，后育大竹，中间盖堂屋"，"人贫露肉，家贫露屋"，房屋没有林木环绕是种羞耻，拥有丰富林木是生活美满象征。如皋现有 1500 年、1300 年的银杏树、850 年的柏树、800 多年的松树、300 多年的罗汉松、300 多年的黄杨、300 多年的五针松等等，这些"活化石"显示了如皋养生文化之精神底蕴。这种精神在当代经济建设环境中仍然得到发扬，工程建设为保护古树而修改方案的例子不少，第三次文物普查工作中古树调查非常细致。

在如皋这样一个树木非常多、环境绿化非常好的地方，人们仍然特别重视庭院室内花木养植和盆景摆制，因而获得中国花木盆景之都美称。如皋花木盆景栽培始于宋代，明清以来盛行不衰。如皋盆景为中国盆景七大流派之一，以"云头雨足美人腰"独特造型享誉海内外。中南海、钓鱼台等重要场所均可见如皋盆景。20 世纪 80 年代以来，如皋先后有 600 多盆盆景在国际国内比赛中获得大奖。在荷兰举办的 2002 年世界花卉园艺博览会评比出的 9 枚金牌中，如皋独得 3 枚。如皋花木盆景种植面积现有 6 万多亩，既是一个天然大氧吧，也陶冶愉悦抚慰着人们的心境，这正是长寿的最好滋补品。

（三）河流与饮用水质

如皋河流纵横，湖荡众多，水源丰富，水质优良，令人羡慕。这种优良水质也是如皋人长期营造形成的历史产物。如皋的水资源环境本来有不利的一面，如皋地势低洼，一般海拔仅为 2 到 6 米。历史上沼泽湖荡多，天然河流少，形成死水，影响水质，还易受涝灾。东北部滨海平原区，很容易受盐渍之害。现在如皋众多河流几乎都是人工河道，是隋唐到宋元明清直到当今，一代一代如皋人长期挖浚而成。根据河道大小可以分为四级。其中一级河道有焦港河、如海运河、通扬运河和如泰运河。焦港河由北而南纵贯如皋中西部，流经 8 个乡镇，沟通通扬运河、如泰运河、大寨河等东西流向的河流，并与长江相通。如海运河流经如皋中部，沟通通扬运河、如泰运河、东西司马港，也与长江相通。通扬运河流经 15 个乡镇，沟通南凌河、如泰运河、丁堡河、东西司马港，并与长江、大运河相通。如泰运河流经如皋北部，沟通拉马河、焦港、长甸河、如海运河、通扬运河、丁堡河。这四条一级河与大量二、三、四级河构成如皋纵横交错水道系统，水道四通八达，水流可进可出，水流平稳，含沙量少，水质清澈。大小河道几乎连接所有村镇，甚至可以说如皋村村开河道，家家通水道，避免了旱涝盐碱之害，保证了优良饮用水质。

五、李渔可以作为如皋养生文化的代表

（一）三十年来李渔热和李渔的特点

近三十年来，对明末清初李渔的介绍和研究形成热点，这一现象很有趣。李渔讲养生讲娱乐，在乾嘉考据学时代不受重视。他的小说戏曲虽然多，但不讲阶级斗争也不说民族气节，所以长期被冷落。当代人却喜欢李渔的生活态度和养生经验，而且他的综合性最叫人佩服，小说戏曲作家、戏曲理论家、导演、旅行家、园艺家、美食家等等，凡是养生问题他都内行。20 世纪 80 年代以来，出现李渔出版热。《笠翁一家言全集》出现多种版本，小说集《十二楼》《无声戏》，戏曲集《笠翁十种曲》都多次出版。他的诗词散文笔记杂著、他所编辑、评点、刊刻的书，乃至有人认为是他写的长篇小说《肉蒲团》都大量出版。李渔作品还翻译成多种外文。其出版热已经向大而全方向发展。台湾出版马汉茂主编的十五册本《李渔全集》，浙江古籍出版社出版二十卷本《李渔全集》。李渔研究专著出现几十种，如《李渔与无声戏》《李渔新论》《李渔论稿》《李渔评传》《李渔与冒襄》《李渔研究》《李渔戏曲艺术论》《李渔美学思想研究》《李渔创作论稿》《明清时代之社会经济巨变与新文化——李渔时代的社会与文化及其现代性》等，专著作者不乏知名学者。

李渔作品还大量搬上舞台和屏幕，甚至李渔本人成了作品主角的《风流戏王》也出现。1989年，兰溪婺剧团舞台演出《李渔别传》，还在中央电视台多个频道播出。2000年北京人艺话剧《风月无边》，将李渔形象搬上舞台，影响很大。浙江台六集电视连续剧《艺苑情长李笠翁》，将李渔作为重要审美研究对象。还有很多人筹办2011年李渔诞辰400周年纪念活动。浙江金华成立李渔研究会已经活动20多年，兰溪修建的李渔芥子园花木繁茂，南京在芥子园故址重建芥子园工程已经开工。李渔在北京南城韩家潭（今韩家胡同）居住期间，请园林名家张南垣帮助共同营造芥子园。楹联曰："十载藤花树，三春芥子园。"此芥子园被看做八大胡同附近唯一的文化遗迹而显珍贵。而且张南垣作为董其昌弟子，以画家而精于叠石名动南北，曾为钱谦益等数十名流造园。李渔园林设计长于搭配，整体效果出奇制胜。此二人合作必出精品，研究者正呼吁恢复重建此园。

大略检索1998年以来博士、硕士学位论文，以李渔为研究对象者近20篇，反映了李渔热。但是这些学位论文以及专著，共同特点是集中在文学和美学研究，对李渔的综合研究远远不够。其实李渔首先是一个养生文化大家，他那些轻松喜剧和演艺活动可以包括在养生文化体系中，他的养生文化却不限于文学艺术。例如旅游方面，现在徐霞客被看做探险旅游代表，李渔则被看做文化休闲旅游代表。他带着家庭戏班子乘车乘船，一路优哉游哉，留下大量关于旅游的诗词和书信笔记。李渔《闲情偶寄》版本无数，多数版本的介绍都把此书定性为"戏曲理论专著"，其实全书共八部，大部分篇幅讲述如何营造园林、安排居室、养植花卉、音乐陶冶、选择食品、烹饪食品、服用药物等等养生问题。李渔在全书结尾处自己评价此书的性质："总之此一书者，事所应有，不得不有"，"当呼为《笠翁本草》"。书名对比李时珍《本草纲目》，书的核心在于养生。书中布置房间、营造花园、吃螃蟹、吃竹笋、吃萝卜、喝白粥、吃补药、喝新茶、午睡、下棋、听戏、听歌……甚至自己写剧本、自己调教演员。这些虽然不同于李时珍的《本草》，但李渔认为对养生而言，都是养生良药。称之为《笠翁本草》，自有合理性，自有一片深心苦心，所谓三分治、七分养，所以才敢标举《笠翁本草》。可惜《闲情偶寄》这种著作和李渔这种人，中国文化史上少之又少。李渔没有官职地位、缺少钱财和土地，但总能想方设法享受生活、寻找乐趣、研究乐趣。他很有幽默感和情趣，有时候还会苦中作乐。这适合现代社会文化发展与人们心理需求，于是李渔热不断升温。

（二）李渔与如皋

李渔祖籍浙江兰溪，但其祖父和父辈在如皋经营药材业成功，身后也葬在如皋。《龙门李氏宗谱》载：李渔在如皋有"祖茔在焉"。李渔后来能在繁华都市南京杭州建造私家园林，反映那时候他有一定经济实力，但他没有把父辈灵柩移回兰溪，应该是认籍如皋的态度。早年为参加科举考试，李渔须要回到本籍，但是他放弃科举以后，就不在兰溪居住。他也不在如皋安家，他的卖文卖艺生活方式，须要大城市市场，李渔主要在南京和杭州居住。李渔与如皋和通州文人多有来往，这些人是他青少年时期的同学和朋友。李渔给担任荆州太守的李雨商写信，说自己虽然祖籍兰溪，但生在如皋长在如皋，与如皋通州人有乡谊之感。李渔多次回如皋扫墓并与友人聚会，留下很多诗作。曾有诗句感叹"一望皋城百感生"，可见如皋在他感情生活中的地位。

李氏早年家境富有，住宅华丽且有园林之胜。黄鹤山农为李渔戏曲《玉搔头》写序，提及李渔"家素饶，其园亭罗绮甲邑内，久之中落，如挟策走吴越间，卖赋以糊其口"。因为早年家境好，李渔自小受到很好教育，并走上一条文人道路，而没有继承祖业。但是李渔没有在科举道路上孜孜以求，成年后他放弃科举,其生活方式孙楷第称为"非工非商,不宦不农,家无恒产而需要和士大夫一样的享受"。(《李笠翁与十二楼——亚东图书馆重印十二楼序》,《沧州后集》,中华书局,1985 年)这种生活方式很少见,或许与他的家庭背景有关。他多次搬家,多次造园,一湖石一花草,兴趣盎然,孜孜以求,对生活情趣生活质量的追求给人深刻印象。

他这种生活趣味或许与早年习惯有关。我们推测他喜欢营造园林、在《闲情偶寄》中大谈布置园林、栽种花木之法,还提到少年时代在如皋种植树木的经验和感慨。提到布置居室之法、烹饪饮食之法,可能都有他青少年时期在如皋生活的经验,有回忆和感悟。李渔如皋故居和祖茔情况还需要进一步调查。如皋还有一些地方有李渔遗迹。主要包括石庄和老鹳楼等地,可能有开发价值。

(三)李渔的养生文化可操作性最强

如皋的长寿紧密联系养生文化,而李渔的养生文化属于如皋养生文化的一个分支。他表述得很集中,很有可操作性,分门别类,清清楚楚,有方法,有道理,实践难度不大,文字清爽有趣,容易学习。

养生类书籍其实不少,电视里还常有专家讲座,但经常让人觉得可望而不可即,有些专家对补品的要求让人心有余而力不足,强调红花一定要用藏红花、冬虫夏草必须用青海的,其实我们根本不会分辨各地红花,就连不合格的冬虫夏草我们也不买。有些养生锻炼功法麻烦,长期坚持既没有时间也嫌枯燥,到头来我们自惭形秽,简直什么也搞不成。

李渔的养生态度贫富皆宜,通常适合大众标准,他更多倾向贫素者,主张"当崇简朴","最忌奢靡"。住宅园林方面他说:"土木之事,最忌奢侈。"饮食方面他的原则可归纳为 24 字诀,即:重蔬食,崇俭约,尚真味,主清淡,忌油腻,讲洁美,慎杀生,求食益。食品中李渔最推崇蔬菜,首列竹笋、蘑菇、莼菜三种,大概非人工种植的。种植之菜,他推安肃黄芽第一位——"食之可忘肉味。不得已而思其次,其惟白下之水芹乎?"安肃黄芽就是河北徐水安肃镇的白菜,如果生长期架棚子遮挡阳光,则菜色嫩黄,鲜嫩无筋。后来凡徐水大白菜进京,都称安肃黄芽。至于南京水芹,虽然鲜嫩清香,但水乡到处生产。李渔最看重的这些上品食品,大家容易办到。而他要求"摘之务鲜,洗之务净"。洗菜要长时间浸泡,还要用刷子处处刷到,这好像是防止农药污染的办法,而李渔早就这样讲究了。

对形式与内容的关系,他更看重内容,主张"置物但取其适用,何必幽渺其说"。所谓幽渺其说,这里指一些神秘说法,夸大容器如茶具酒具的价值。李渔甚至认为泡茶器具中阳羡砂壶最好,对人们过分讲究名贵紫砂,本末倒置脱离茶饮,不以为然。他崇尚自然之美,听琴观棋、赏花听鸟、蓄养鸟兽虫鱼、栽培花木,均看重自然本色之美。

李渔提倡家庭和睦,天伦之乐,以家庭为"世间第一乐地","父母俱存"为第一乐。他提倡节欲,提出六个节欲重点。他强调身心双养,心为身主,"心和则百体皆和"。这种心胸性情修养,是李渔的重点,讲究止忧和行乐。"止忧之法有五:一曰谦以省过,二曰勤以砺身,三曰俭以储费,四曰恕以息争,五曰宽以弥谤。"行乐人人喜欢,李渔主张富贵者节俭节制,贫贱者也要追求快乐。他下工夫琢磨出一套"贫贱行乐之法",主张"随时即景就事行乐",其中有些阿 Q 味道,但是也充满自我解嘲的诙谐幽默、调侃之乐,让人笑口常开。

《闲情偶寄》文字精练,全书都是操作性很强的养生办法和各种乐趣,每一部分都很精辟,想提炼总结很困难,大多需要具体奉行。

结　语

如皋这座城市的历史文化,最大亮点就在于长寿养生。对养生文化的发掘弘扬应当成为文化建设的重点,李渔则是重中之重。目前的李渔热和李渔养生文化的可操作性,显然对工作有利。浙江的芥子园和李渔研究,已经有 20 多年,南京的正宗芥子园正在恢复重建。如皋既是李渔的实际故乡,又是长寿养生福地,最有资格研究李渔的养生文化。如皋加强李渔研究,将与南京和浙江形成竞争比较,吸引眼球。如皋的李渔研究,集中于长寿养生,才能形成自己特色与地方优势,与外地同道形成差别和分工,最终可能形成共赢局面。在已有两个芥子园,北京还有人筹备第三个芥子园的情况下,如皋如果直接建设"闲情偶寄园",按照李渔的养生八个部类设计布局,可以形成纪念研究、参观游览、娱乐享受于一体的新型园林。这样应能吸引研究者游览者和消费者,达到出奇制胜。

李渔石庄遗迹访寻记

羽离子　陈小娜　夏晓凤

　　因有资料称明末清初的大文学家李渔（字谪凡，号笠翁）出生于如皋境内的石庄，南通大学文学院的钱健教授一直想去石庄调查，苦于没有时间而久搁。2011 年 10 月的第二个周末，钱老师终于挤时间带陈小娜和夏晓凤两学生前往石庄访寻史迹。石庄是个历史虽然悠久，位置却不断变迁的古镇，其古名临江，是因滨临长江而得名。《宋书》《南齐书》中均记载了临江县的情况。临江原本位于如皋著名之山——摩诃山的南边二十里。后来长江主泓向北挪动，原在长江北岸的摩诃山因此而"漂移"到了江中，《南史·刘虬传之亨附传》记梁武帝封刘之亨为"临江子"[①]；《陈书·杜僧明传》记梁元帝授杜僧明为"临江县子，邑三百户"[②]。这两人在临江的封地后来都沉入了大江之底。北周宣政元年（578 年）撤临江县而将之并入宁海县；自唐大和年间起此地归属如皋，这一隶属关系一直延续至今。该地因其为石姓聚居之地而得的另一名称石庄（亦有因地有石桩而得名之说）在宋朝以后日渐通用。为躲避水侵，石庄也屡次往北迁徙而终至于在明代后期转到了摩诃山之北几十里的今地。

　　石庄旧有的主街道为十字形。南北大街号称三里长街，街道边林立着各种店铺，有布行、山竹行、各种作坊、布店、杂货店、茶叶店、中药店、饭店、烧饼店等等。东大街、西大街像伸展的两翼，从这四条大街又向各自的两侧生出小巷来，因此，石庄镇巷陌纵横。水德寺、城隍庙、关帝庙、大圣庙、天后宫、都天庙、火神庙、灵应道院等等又分列于南北东西各街头。如此镇区雄峙于龙游河的两岸。全镇的老街旧巷多有明清建筑，街道稍窄，以条石铺就，两旁商户搭卷棚以便往来的行人避雨遮阳。但这样的一个古镇在抗日战争中遭到严重

破坏，加上苏北新的交通线的开辟，石庄已失去了垄断交通要道的地位，所以此后一蹶不振，直到近年来随着工业的发展才有较大的起色。

　　是日早上 10 点钟我们南通大学来的三人到达了石庄镇政府，得到了该镇党政办管主任的热情接待。管主任为我们联系到当地两名知识渊博的老人，他们分别是 81 岁的石惠民先生和 74 岁的周保如先生。两位都是从事石庄镇地方志编纂的精通本地文史的耆老。其中周先生还恰好负责关于李渔遗事的采访编录。我们在当地政府的会议室进行了一番交流，钱老师介绍了在研究李渔作品的方言后已确认李渔是以下江官话而非兰溪方言来写作的情况等；两位老先生则介绍了他们因编撰方志的需要而进行的一些调研和撰写工作。不知不觉就谈到了中午时分。

　　在镇政府食堂吃过午饭后，我们去周保如先生家等候另一位老人。周先生十分热情，特地烹茗待客。他家到处是历史地理、诗文百艺类的图书。不久，一位与他年龄相仿佛的老人李昌颐先生应邀而至，他也是石庄志的编写者之一，大家谈话的主题仍然是李渔。

　　周保如和李昌颐两位先生随即带我们在石庄镇实地考察。从石庄镇北部出发，沿着北大街向南，穿过拉马河上的凤鸣桥进入南大街。在南大街之首的东侧，有一片绿草丛生的废墟。两先生说这里就是李渔家药铺的遗址处。周先生说拉马河只是新中国成立以后的新名，此河就是古代的龙游河。走下凤鸣桥，原先在此桥南堍的南大街东侧的第一家商店是买卖粮食的三间门面的陆陈行，第二家即是朱生泰药店。而朱生泰药店最早的前身就是李渔的父亲李如松在晚明时开设的药店。

图一 李渔家的药店,原开设在图左侧凤鸣桥和右侧卡车之间的空地上

周先生告诉我们,当地一直流传着:李如松兄弟在石庄今凤鸣桥的南塍头即当地人有时称河南或南街的此处地方经营中药材。在明末时,此桥只是一座木桥,清代称之为向善桥,不知明末时的称名为何。道光七年改木桥为石拱桥时才赋名作凤鸣桥;群众常简称之为"石桥"。新中国成立以后,此石拱桥几经改建,现为水泥平桥。虽然桥梁已被改建多次,但今天的桥仍然造在明代木桥所在的老地方,位置并没有变化。甚至古街道也是到了新中国成立以后才拓宽的,而且,药店一侧,一直保留着原貌;只是向另一侧拓宽了街道。而此河原来叫做"龙游河",新中国成立以后改名叫"拉马河",比原来的河要拓宽了好多。

药店的占地面积,大概不到 2000 平方米的样子,李昌颐先生谓约有几亩地。原来第一家店面的地方已经扩充成河了,所以现在一走下凤鸣桥,踏上的第一块街边地就是当年李渔父亲的药店的遗址了。钱老师从各个角度对这一片遗址作了拍摄。

周先生等几位老人都是很熟悉药店的情况的。周先生原来的家离此药店仅仅百米之远。他们记得朱生泰药店的主人不姓李而姓朱,其药铺店的房子也不是姓朱的建的,而是朱家在买下此店之前早就存在的古老房屋。从李渔父亲于此经营药店起,该药店建筑群没有多大变化,大约中间经历了两三次更换主家,最后一次是卖给了朱家。因为原先就是按药店的要求建的,而石庄的药业在从前也一直很好,所以该店的历次主家仍然都是经营药材的。药店的正式门面为三大间,门面

房后有大院。院里有药材的加工房、栈房、住家房等等。后世药店的制度也基本承续李渔父辈时的,即药店雇有多人,其中有管账先生、加工药材的即药工、站柜抓药卖药的,他们吃住都是老板包的。这些受雇的人也有家眷,与老板家眷们都一起住在店后面的院子里;也可见这个院子是比较大的。

老人们说李渔的伯父李如椿是个读书人,有心为国,却几次应试都未能考取功名。他因此寄希望于李渔,引导这位侄子读书,他对李渔产生过很大影响。李渔伯父后来转而学医,学成后供职于官方的慈善机构"养济院",同时也为李渔的父亲坐堂行医,施方赠药。因为李如松的药店有医生可以问病,而且药材齐全,式式都有,又敬业公道,所以生意好,其药店也是石庄镇最大的。在清末民初,凤鸣桥左手往南第三家即朱生泰药店南邻的那家是上下两层楼的饭馆,再往南即桥南第四家是个酱园,又叫酱油坊,用来打酱油、卖醋和卖酱菜的。它的酱菜等都是自家酿制的。朱生泰药店的斜对面是草炉烧饼和筒炉烧饼店,还有五洋店(卖洋烟、洋火、洋碱、洋烛、洋油等的),建筑都是十分古老的,当然,明末清初时各是卖什么的店,就不知道了。

关于李渔家药店的去向,据说李渔的父亲曾是想要把它传给李渔的。但是李渔受他伯父李如椿的影响而酷爱读书,不屑于经营药材铺,所以这家药材铺在李渔父亲死后传给了李渔的兄长经营。不过李渔的兄长去世较早。李渔在顺治十年(1653

图二 拉马河,即古代龙游河,岸上的绿草地就是李渔家药店的店基

年）去通州拜会东海名士范国禄和其他乡绅，此后至如皋等地逗留，写下《过雉皋忆先大兄》诗和序"大兄殁于此地，旅榇在焉"③所以是可以考证到的。

在李渔父亲和兄长先后去世后，药材铺就转让了。后几经转手，还是开药铺。老先生们仍然记得这坐东朝西的最后的药铺店"朱生泰"里的墙上、梁下、里门上挂着各种牌匾。有牌匾题名："童叟无欺"、"真不二价"、"丸散膏方"、"经营各省道地药材"，还记得有一副八字对联："生之者众，泰然后安"。这家药铺深厚的文化内涵是其来已久，是从前的药铺店代代传下来的。

老人们说：李渔17岁时受父母之命娶兰溪淑女徐氏为妻，想以新婚的喜庆为重病的父亲"冲喜"。但父亲半年后仍去世。由于李渔不肯经营药店，父亲去世后药店留给李渔的兄长，此兄长当是李茂。因为李渔的祖籍是兰溪，李渔是要回兰溪考功名的，所以父亲把兰溪的祖产的份额留给了李渔，可能有些房田。他后来去了以后有没有得到，就不知道了。但不巧，李渔的妻女生病，耽搁了李渔的行程。这一耽搁就是5年，直到他23岁，才回到兰溪。

老人们在答复钱老师问及李渔是否去李堡读过书的问题时说：传说李渔还在李堡读过书。虽然只是传说，没有直接材料证明；但是李堡当时属于如皋管辖，说明这个传说还是有一定可信度的。

老人们自述他们知道的关于李渔出生在石庄的说法来源于他们小时候的耳闻以及来源于当地已经去世的文史老人施珉先生（约2002年去世，

享年约67岁）和戴斐然先生（约2007年去世，享年88岁）等的口述。周保如、石惠民等先生强调在当地三百多年来代代相传的李渔出生于此地和李渔父辈在此石庄开药店诊堂的说法绝非无源之水，无本之木。而且过去传说这些故事的人中的大多数也只是大约地知道李渔后来是个写书的人，并不了解他的文学成就到底有哪些和到底有多大，甚至还不了解他到底是干什么的。人们相传这些旧事，只是淡淡地回忆与复述罢了，并没有想去攀附什么人的想法，何况李渔在乡民眼里也不是什么英雄豪杰或大官伟人；老辈的乡民只是向年轻人讲讲过去的事情罢了。

李如松为什么到石庄来开药店？我们注意到石庄在晚明时已十分繁华。石庄镇靠近长江，龙游河穿过该镇；明清两代，如皋与江南的贸易往来皆须由龙游河出江，也就是皆必经石庄。因此石庄曾长期是物资辐辏，商旅栖息之地。此外，石庄还是军政要地。明朝时在如皋县境内只在掘港、石庄和西场三地设有巡检司。清朝时，掘港巡检司已废，但石庄和西场两巡检司则依然存在，可见当时石庄之地的重要。石庄巡检司官署坐落于北街的西侧，坐北朝南，颇具宏伟气派。抗日战争前还留有照壁、头门、仪门、穿堂、大堂、内堂、西厅、群屋、吏舍、土地祠、厨房等五十余间房屋，民众称之为"衙门"。日寇占领石庄后将此建筑群烧毁；唯通往衙门的巷子尚在，百姓仍称之为"衙门口"。

李渔的父亲和伯父曾居住生活的石庄是否已经坍入长江？答案是没有。史记如皋县之南地因长江主泓北移而"自明永乐以来，田没入江"；古石庄之地坍入江中，居民屡屡向北迁徙。明代万历年间，石庄巡检司索性一下子北迁三四十里到龙游河边的今址，石庄镇遂重建于此并因此而迎来了它的繁荣时代。直到明代隆庆年间，如皋江岸的坍削才基本止住；长江河道挪移至最北时还不到石庄的南沿即已停止。此后沿江之地又从水中涨出。清康熙以后，北岸江边积沙成陆的速度加快。清中叶起，长江口的宽度收缩，此处的长江北岸又进一步涨出了新的沙地。咸丰十年（1860年）起至1920年，该段江岸再度连续崩坍入江，但江水仍未抵达石庄，其前锋距离石庄镇上尚有几里。1921年起，此地江岸下又开始生长沙洲，致使江干逐渐南移④。如今石庄已经深入内陆了。

图三　部分调研人员，左起依次为周保如、钱健、李昌颐和夏晓凤

李渔及其父兄所长居生活的石庄,从明代后期到今天,始终没有移动过位置。

钱老师拜托李昌颐等先生做两件事:一是寻找李氏祖坟,希望能广为收集本地李姓前人的姓名等情况以便将来与兰溪的《龙门李氏宗谱》上的人名核对,看是否有重合之人;二是图示复原朱生泰药店建筑群的院落房舍的总体分布及门面厅堂的模样与大致结构。最好能找到旧照片,实在没有照片,就手工画图。钱老师还据老人口述的情况手画了一张三开间药店的门面图,将之交给了李昌颐先生以供参考。

据钱老师的想法:李渔的七律《过雉皋忆先大兄》序之谓"大兄殁于此地,旅榇在焉"中的"旅榇"不是寄放私宅旧堂或会馆内以待将来运回祖籍的棺材,此诗末两句"明朝诣墓愁风雨,一哭能教地有声",已确指在如皋之地的是其先大兄的墓而非寄榇。此诗句中的"旅"是旅寓之意。《敦睦堂龙门李氏宗谱》记李渔在如皋有"祖茔在焉",据此看来,远不止李渔的父辈已经迁居如皋了,至少他的祖父辈也已经居住如皋并在如皋去世而葬在如皋。只是历史上土地所有权屡屡变更,私家坟园在这几十年里也已大多被铲平,寻找墓碑或墓志等恐非易事。因此尽管有说李渔家族之后裔仍有生活在如皋地区的,但仍不可轻易认同,须有证据才可。如能在家谱等文献资料方面加以发掘、深究,很可能会有收获。钱老师也希望当地政府能保留今日凤鸣桥南塄头的这块空地以为将来恢复重现李渔在此生活过的药店等之用。

尽管这次在石庄的访寻中获有新的见闻,但仍须对所见所闻持谨慎的态度,包括适当的怀疑态度;因为学术研究是很严肃的工作,还需要核实和寻找更多、更扎实可靠的证据。此外,近世如皋县志所记李渔在今属南通市海安县的李堡镇生活的情况及关于李渔父辈家在如皋城内开设有药店、李茂的第三子留居如皋原宅、第四子在石庄经商的传说等等都应加以综合考虑。

除了口碑传说外,李渔在石庄生活过的情况难道真的没有任何文字佐证吗?这次访寻的见闻,也提醒我们有必要重新审视过去习见的一些资料。例如,黄鹤山农的《玉骚头序》记李笠翁"家素饶,其园亭罗绮甲邑内……"过去多将此"邑"释读作如皋城,现在看来,倘是指当时的通衢大邑石庄,亦不无可能。再如,他自称自己"乳发未燥"时常随父辈游于"大人之门";过去以为此述的"大人"是如皋城内的官僚,而现在看来,有可能即是前面提到的石庄巡检司的官吏。诚然,对文献史料的探究,的确还有可为之处。

除了寻找李渔故居外,当天我们还短暂地拜访了漂亮而现代化的石庄高级中学,还又借凳子,又借"步步高"地为北街的一所明末清初时建的汤家老宅大门上残存的精雕细镂的砖门楣和石墩等拍摄了一些照片。

从银行大楼楼顶拍完了俯瞰凤鸣桥和李如松药店故地的照片后,我们一行来到东邻的镇政府的大院内寻找当年镇水的大石。乡政府已经迁往别处,此处只是剩有几户居民的大院,但半数房屋空空无人,院内静寂而有荒芜感。

李昌颐先生请在该院内前院居住的他的本家

图四 消失已久又重现天日的"八卦石"

图五 清理、擦拭明代古碑

先生出来帮我们找。高大魁梧的李本家先生听明白我们的来意后，带我们来到后院，指着屋后地上的一块大半埋在了地下的大石说："不晓得是不是这块石头？"从四周断续露出地面的石边来看，这是块形似磨盘的大石片，上面已经堆积了较厚的陈土并长着杂草。我们借来了小铁锹，搬走了压在上面的石块，铲除了上面覆盖的土层后，大家惊叫了起来，石头上面刻有很大的八卦符号。待全部清除干净后，可以辨认出此直径略过 1 米的圆盘石是花岗岩质地，其朝天的一面上环刻了八卦符号；无疑，这就是著名的"八卦石"了。在"乾"与"坤"两卦符之间阴刻"泰山石敢当"五字。当地传说古人同时制作了几块"八卦石"用以放置在江岸的不同地段来对抗江水的侵袭。其他几块被大江吞噬了，只有这一块阻退了江水而幸存。

又传说它随着江水侵袭和江岸退缩而一次次地被人们往北拖。大概毕竟是此石显了神威，大江竟然向南摆动了并离石庄越来越远。钱老师推测这一石敢当的产生不会很早而应是咸丰十年（1860 年）起至 1920 年的坍岸期的后半期里的清末时制作的。因为早期如有此物，要么随地沉入江流，要么因不显神威而被人们遗弃，结果也只能是沉入江中；只有清末凿制者才能与上述传说相印证。多年前，此石又被人拖到了石庄的镇政府内。此石正中间有一透孔，似乎确是由大磨盘改

制而成。因为一时找不到工具为之翻身，其背面是否有图文，不得而知。

最后，一行人寻访到了镇上的另一个院落。院内的屋墙根下有一个砖石堆。石堆里显露出某大碑的碑身所断成的三截。我们弯腰动手搬除了积聚在最大一截断碑上的砖瓦，发现露出的碑面上有"李□椿"三字。当然希望这是李渔伯父的姓名"李如椿"三字，不过在经擦拭后看出实是"李之椿"；此人是明朝天启年间的如皋名士。

离开石庄，已是傍晚时分，对这里的李渔生活情况的调研，远未结束；希望有兴趣的朋友们能够在这方面共同努力。

注释：

①李延寿《南史》卷五十，列传第四十，刘虬传，附刘之亨传，中华书局，1975 年。

②姚思廉《陈书》卷八，列传第二，杜僧明传，中华书局，1974 年。

③李渔《过雄皋忆先大兄·序》，《李渔全集》第二卷，浙江古籍出版社，1992 年。

④谭真、周保如《石庄志》，中国方志出版社，2011 年。

⑤李锦、李景梧《龙门李氏宗谱》，敦睦堂（兰溪），1923 年。

⑥沙元炳《如皋县志》卷三，1914 年。

⑦黄鹤山农《玉骚头序》，《李渔全集》第五卷。

⑧李渔《与陈学山少宰》，《李渔全集》第一卷。

展示黄金文化　留下金子记忆

——山东招远黄金博物馆参观记

习　慧

2011年1月12日是"三九"的第四天,室内阴冷难受,野外寒气逼人。这时,我却有个北上胶东的任务,中午我陪同市环保局领导赴山东参观黄金博物馆。汽车在高速公路上奔驰,经过七个多小时的行程,晚八时到达招远市。黄金博物馆就坐落在罗山矿区前平坦土地上,它与矿区的老建筑融为一体,是黄金博物馆游览区的重要部分。当晚,我们下榻黄金博物馆招待所。

翌日上午我们开始参观。招远黄金生产历史逾千年,是中国最大的黄金生产基地,被誉为"中国金都"。黄金博物馆占地150亩,由博物馆、矿井体验区和景观游览区三部分组成,是当今国内现代化元素最多、功能最全、规模最大的黄金主题游览馆。该馆于2007年开始筹建,2009年5月18日建成开馆,年接待参观游客达30万人。

博物馆建筑为高二层的砖混结构楼,平面为回字形,建筑面积6950平方米。由中国金都厅、永铸金魂厅、留金岁月厅、烈焰淬金厅、世界黄金之旅厅、中国黄金文化厅、黄金交易体验厅、将军风采厅等10个陈列厅组成。它通过文物、模型、多媒体、版图等形式,客观地展示了黄金文化。在内容及形式的布局上,打破了传统的按历史顺序陈列的模式,重点突出,立意新颖,特色鲜明。声、光、电、动漫、幻影成像等现代高科技手段在陈列中得到充分运用,增强了陈列的互动性和趣味性。

步入中央大厅,一根神奇的金柱映入眼帘。当讲解员按下墙上的电钮,金色的巨柱上忽然打开两扇大门,同时,一股白色的烟雾从门口窜出,藏在柱中的罗山金姑塑像移动到金柱门口,讲解员向我们讲述招远地下埋藏大量金矿的美丽传说。讲完后金姑塑像又退回到原位,金色的大门

缓缓关上,神柱又恢复到原来的形状。

中央大厅原有四根巨柱,本因结构需要而设置。展览设计者又加了根柱子,名为"金"柱,从而使大厅中的柱子变为五根,与中国古代的五行相对应。这种创意给大厅中的巨柱赋予了文化内涵,它告诉人们,招远地下所以埋藏着巨大金矿并非无缘无故。同时,富有神话故事色彩的金姑,其移动的塑像更增添了神奇的色彩。让陈列的物品动起来,能激发观众的参观兴趣。金姑塑像的动态展示,对突破传统博物馆文物的静态陈列,无疑是一个重要的启示。

招远是中国黄金生产第一市,是名副其实的金都,已连续30多年黄金产量居全国第一位。金都厅陈列的图片、文字与实物,证明了招远黄金生产历史的悠久,招远金矿生产模型,形象展示了招远黄金生产的盛况。而介绍黄金知识的"电子书",随着手的翻动而不断变换页面内容。这种互动型的多媒体,增加了观众尤其是青少年观览兴趣和求知欲望。在这里多媒体作为展陈辅助手段,得到恰到好处的运用。人们看了招远有如此多金矿,自然而然地会产生这样的疑问:这些金矿是怎样形成的?

"踏着波光粼粼的通天河,想象罗山金姑赐予人间无尽财富的美丽传说;体验地动山摇的火山喷发,感受数亿年前地壳变迁带来的黄金宝藏。这就是黄金带给我们天马行空的体验,穿越时空,感受新鲜。"这是人们进入"永铸金魂"厅所产生的奇幻感觉,没有别的奥妙,这是观众进入该展厅时,讲解员发给每位观众一付特殊眼镜,让游览者观看立体电影,来体验黄金形成的过程,因而产生了这样的视觉效果。

图一　山东省招远市黄金博物馆

　　博物馆展陈是视觉艺术,展陈设计专家需要运用各种手法,使观众更好地接受博物馆传播。以往就有:借助放大镜功能,让观众能清楚看到文物展品上的细小文字;对不便陈列的巨大物品,制作成模型进行展出;对不易看清的青铜器上的铭文、石刻、墓志,则捶成拓片向观众展示。如今,多媒体的声光电技术,更活跃、丰富了博物馆的展陈方式。立体电影的表现手法,博物馆理所当然地应当利用。这种方法使观众身临其境,体验到大自然的神奇魅力,以达到更好的传播效果。

　　"留金岁月"厅则通过人物、传说、事件,阐述招远早期黄金开采故事,勾勒出从隋唐到清末招远黄金开采的历史画卷。令人称道的是,这里展出了历史上矿产采掘的各种文物展品。据说黄金博物馆在展陈设计招标时,馆内还没有一件文物,这吓退了不少的展陈设计公司。然而,江苏和氏设计营造工程有限公司却迎难而上,主动联系并承担了展陈设计、施工的任务。他们在展陈工作中征集了大量文物,仅在陈列厅中展出的各类文物展品就有近 200 件。他们的工作精神令人赞叹!

　　世界黄金之旅厅,则利用多媒体技术,淋漓尽致地展示了世界主要产金国的黄金生产情况。大厅地面有一巨幅世界地图,对面墙上设有长方形巨幅荧光屏。参观者可头戴耳机站在世界地图上所标的任何一个国家的产金城市,相应地荧光屏上(地图上可同时站立三人,荧光屏同时分为三部分展示)就会出现该城市的画面,同时,耳机里传来讲解画面的语音。观众通过多媒体,可以了解世界各产金国的历史和现状。

　　世界黄金之旅另一个陈列厅,展出了罗山金矿接受的各种礼品。这些珍贵的礼品,反映了各产金国之间文化交流和对中国人民的友好情谊。最令人感兴趣的是展厅中的一个红色宝盒。盒长、宽同一本 32 开的书差不多,高约 14 厘米。当你打开盒盖后,从盒子不断飞出各种各样的"珍宝",关上盒盖后什么也没了。观众们将其视为"百宝盒"。讲解员说,盒子是个道具,关键是盒子里的一块红布!我恍然大悟,一个简单的道具,却使人们产生了丰富的联想,设计者的创意是如此奇妙!

　　中国黄金文化厅,陈列着各种黄金器皿、饰件物品。黄金制品体现在人们生活的各个层面,渗透到建筑、服饰、生活器具、货币等方面。琳琅满目的展品令人目不暇接,说明了我国黄金生产历史悠久和工艺精巧。展厅的一侧,有一个宽约 0.6 米,长约 6 米的长方形平台,台面标有春秋、战国,一直到宋、元、明、清各朝代名称。当你点到任何一个朝代,就会出现该朝代的著名金器图片,以及相应的文字说明,并告诉你这件文物藏在哪家博物馆。如果你要进一步地了解和研究这件文物,可以专门到这座博物馆去。

　　如果说橱柜是博物馆文物展示的载体,那么,多媒体则是现代高科技的展示手段。这里的多媒体不是单纯地解释或演示展品,它是博物馆陈列的一种辅助手段,起到补充、扩展、延伸的作用。当你参观了黄金文物展品后,还想了解更多博物馆的黄金文物藏品,多媒体设备则可帮助你达到目的。这两种不同的展示手法在展陈中形成了互

图二　赐予人间无限财富的罗山金姑

补,人们在欣赏和领略黄金文物风采的同时,还可以得到更多的博物馆黄金藏品信息。

黄金实用物品的制作,则是黄金的另一个生产领域。招远作为一个产金大市,也是黄金物品的生产大市,历史上就有不少手工生产作坊。展厅辟出相当大的面积,运用雕塑的手法,来表现黄金物品的生产、制作和销售。这些人物塑像栩栩如生、神态刻画得惟妙惟肖。前面展厅就有用雕塑表现采矿生产的,只不过人物按一定比例缩小,但制作却十分精致。而此处有关物品生产的塑像,则如同真人大小,其情景也更加逼真。

最后是将军风采厅。初看此厅的陈列内容似乎与黄金无关,然而,该厅却是招远人最引为自豪的。招远地下出黄金,地上出英雄。地处胶东半岛的招远,革命战争年代是著名的革命根据地,许多优秀儿女投身到革命战争的洪流之中。招远仅上将就出了迟浩田、王瑞林等四人。黄金是人人羡慕的珍贵之物,但招远儿女的爱国之心、革命之情却比黄金还要珍贵。

从博物馆陈列厅后门走出,向北步行 40 多米,就发现前面有座火车站,站旁不远处有一个"跨世纪"的群雕艺术作品,表现了采金工人阔步迈向新世纪的豪情。小站有五间房屋与三间站台房相连,形成了"丁"字形建筑,游客由此参观罗山矿井体验区。先乘坐小火车前行 20 多米,就进入"罗山金矿 180 矿井"洞口。火车开入矿洞一百多米后停止,游客下车步行参观矿井中各个景点。

火车站是为观众游览而专门兴建的,设计者将矿洞里的火车铁轨也延伸到这里。这新加的火车站符合客观实际,是团体游览者集体参观的缓冲之地,还可为参观者遮阳避雨,站房内的商店可满足游客购物需求。同时,车站又是参观矿井的起点标志,使游览区多了一处建筑景观。这小火车站的设计和建设,起到了雪中送炭、雨中送伞的效果。设计者的人本思想和周到考虑令人称赞。为了参观者的安全和方便,对矿道作了加高加宽处理,清除了危险的石块,有的顶部用铁丝网罩住并用木柱支撑。矿井路面铺了一层碎石子,以方便参观者行走。参观线路上安装了电灯,使游客能行走安全。

设计者对矿井中的场景作了复原。利用矿道中较大的场所,设置了会议室、学习室、小卖部等,

图三 罗山矿井中展示的工人采矿场景

所有摆设品和场景,都是 20 世纪 60 年代的,有竹壳热水瓶、王进喜宣传画等。矿井中的工作场景,是用人物塑像和实用的生产工具组合而成的,如:工人在分析、测量矿石;输送矿石到矿车;铁轨上待运的矿石车;工人推运铁轨上矿石车;竖井的铁梯旁站立着工人等,当你爬梯子时,他会说:"请注意安全!"在矿道中游览了大约 1 小时,结束后乘电梯到达山坡屋顶平台,这里可以俯视整个矿区。下了平台就开始进入景观游览区,主要是矿山地面生产厂房、各种配套的建筑设施,以及工业遗址公园等。

如果说矿井内的工作主要是采矿石,那么山坡上的一座座厂房,则是从矿石的选、冶到深加工,是一个完整的生产线,所有黄金生产的机器一应俱全。所不同的是,原来的动态工厂现在变成了静态展区。这些现代黄金生产的工业遗产,在向参观者诉说着曾经有过的辉煌。我十分佩服招远中金矿业集团有限公司原董事长王永选的战略眼光,是他率先提出要建立黄金博物馆,保护黄金工业遗产和展示黄金文化。实践证明,建立博物馆是工业遗产保护的最好措施。

在黄金生产区内的空地,建成了工业遗址公园,园内全面进行了绿化和美化。参观过程中不断出现大型齿轮、钢管及机器部件做成的雕塑。这些机器过去为黄金生产作了贡献,现在还继续为旅游服务,给游客带来直观的感受。我曾就这些露天放置的机器部件的保护,同设计者进行了探讨:在不影响美观的情况下,给这些露天的机器部件加盖顶棚,是否更有利于工业遗产的展示和

图四　遗址公园中展示的大型机器部件

保护？国外就有不少这样的事例。他们认为这样做与观赏并不矛盾，也是很容易做到的。然而，令人遗憾的是，现在中国工业遗产中的大型机器设备，基本上都是露天陈列的。

最后，到了博物馆服务区，即原矿区的行政、科研和后勤服务区。这里位于博物馆大楼西南，在低矮的山坡上有一幢幢楼房或平房，其中有办公楼、研究所、实验室、化验室、物资仓库、职工宿舍等，都是20世纪60、70年代的建筑，均被完好地保存下来。根据上面的标牌说明，知道房子原来的用处。这些建筑经过适当包装，现在已成了黄金博物馆的旅游景点。其中，有的建筑经过适当改造，成了接待游客的设施。如原来的物料仓库改成了饭店，其中有10～20人的包间，也有上百人用餐的大厅。大门左侧砖墙上的"保证供应"四个黑体大字，是20世纪60年代的遗迹，装修者只是把"字"的颜色加深了。我们睡的招待所是原职工住房改造而成的。

我对江苏和氏公司的遗产保护意识和创新理念，表示由衷的敬佩。他们在黄金博物馆展示工程中，十分重视文化遗产的保护。他们将博物馆文物陈列、矿井遗址和工业旧址展示结合起来，使黄金文化展示形成一个完整的体系。博物馆陈列采用了全新的设计理念，在继承传统展陈方式的基础上，充分运用声、光、电等多媒体技术，增加了陈列的参与性、互动性和体验性，增强了视觉冲击力、吸引力和传播力。陈列的内容翔实、展品丰富、构思巧妙、特色鲜明，融知识性、趣味性为一体，向人们展示了一幅绚丽的黄金文化史画卷。我相信，这样的博物馆是最能吸引观众的。

中美双重文化视野下的南通博物馆

——喜读《中国博物馆手册》一书

嘉金木

去看过国内许多博物馆,也有机会游览过不少国外的博物馆。国门大开,到欧美等发达国家去看什么?大概就是广场、教堂、博物馆。参观博物馆是国外旅行者的经典线路和重要内容,如果对博物馆没有兴趣,那旅行的收获就会缺少很多,也缺憾很多。

拥有五千年中华文明的中国,是不少外国人的向往之处和热衷之地,到中国去则是他们梦寐已久的需求,而进一步的开放使这种需求转变成可能的现实。国力的增强和对历史、艺术、科学的进一步重视,也使一大批博物馆在新世纪这十年里应运而生,可喜的是,这种增长的态势依然还很强劲。中央强调的博物馆向公众免费开放使更多的人走进博物馆,走进中华文化的瑰丽天地和灿烂殿堂。

外国游客到中国,首先要去的,去的最多、最频繁的,当是遍布大江南北的大大小小、各具特色的博物馆啦。

于是,一批介绍中国博物馆业、博物馆史和各个博物馆的图书纷纷出版发行。其中就有 2009 年英文版的《中国博物馆手册》一书。细读这册介绍了中国 216 家各地博物馆的书,就能从图文上成就令人神往的中国博物馆之旅,也给实地考察提供了详尽的资讯

来自美国的三位著者:米里亚姆·克利福德,凯西·詹格兰德,安东尼·怀特,都是文博方面的专家,对连绵不断的中华文明史充满好奇和深情,对中国文博业特别喜爱并深入认知。他们通过实地踏访,用中美文化结合、中外文化比较的视野和眼光,书写了中国博物馆业的概貌和各个博物馆的个性特征。不能不承认,亲身经历、耳闻目睹的三位作者描摹的这两百多所博物馆,给世界各国

游客提供了一把金灿灿的钥匙。对外国人是这样,对中国人来说其实也是这样。因为它提供了美国、西方,起码是异域背景下一种新的观照角度。于是,它具备了在中国翻译出版的当代意义。终于,由黄静雅等译出,译林出版社在今年 6 月正式出版中文本。9 月我偶然得以从汉口一家普通新华书店收入囊中。

书的封面是中国红打底,开本不大,32 开,410 个页码。叙述细致,编排有序,装帧谨严,印制精良,尤其是图片。所以,这本外形精致、内容丰富的小册子,赢得故宫博物院院长郑欣森先生等一批大馆长名馆长推举荐读。

有个性才能感受到差异,没有特色成不了知名。或许,从两千多家中国博物馆中遴选两百多家,是一件十分为难的事。然而,这些博物馆具有的特性,无疑是构成了始于 1905 年的百年中国博物馆史的代表和经典。尽管令人遗憾的是台湾省只收入了台北故宫博物院,而港澳的一家也没有能纳进。

博物馆有诸多涵义,其职能不外乎收藏、研究、展陈、交流等等。于受众来说,最关切的是文物展陈。所以,著者、读者最关心的,除了浓墨重彩于中国历史和中华文化视域中博物馆和所藏文物的特性之外,还仔仔细细的提供这样一些不可或缺的提醒类信息:参观中不能遗漏之处,何时开放,甚至标明正在建造的博物馆,适应儿童的也专门列出。当然书中也宽容地指出中英文标志不清楚等一些不足。阅读这一篇篇说明文,犹如读一篇篇精美的散文,感悟到的是著者、译者的贴心温暖和独具匠心。此书适合外国人看,也适合中国人读。除了阅读,就是培养中国人看博物馆的一

图一 《中国博物馆手册》封面

图二 《中国博物馆手册》封底

种习惯,一种生活方式。

216家博物馆,上海、北京占了不小比例。有一个城市不大,却收录5家,那就是"文博名城"南通。中国第一个公共博物馆——南通博物苑,1905年就诞生在这里。在这座国家历史文化名城,你可深切感受到别具魅力的江海文化、近代文化、博物馆文化,这里的博物馆充满着乐趣和特色。所以,亲历中国的美国文博专家也热情推介南通,推介南通的众多博物馆等。

2011年9月于武汉汉口武胜路立交桥下那家显得有点儿拥挤的新华书店购得的这本手册,成了我今天开始的新珍藏。

在博物馆里徜徉遨游

——读《中国博物馆手册》有感

徐 宁

2011 年 10 月，友人向我推荐了一本由国外考古学家、艺术史学家、博物馆学家撰写的，题为《中国博物馆手册》的书。据了解该书作者是三位外国记者与专栏作家。他们凭借在中国多年的游历经验，特别是参观了中国两百多家博物馆，以外国人的角度介绍了各博物馆的藏品及展览特色等，书中介绍到了南通市的一些博物馆。出于好奇之心，我当即网购下了该书。

在大致翻阅后发现，该书共收录各类博物馆 216 家，提及的博物馆，均按地区、省、市划分，使用方便；特别收录了易被忽视的博物馆、介绍了博物馆必看展品以及适合儿童参观的博物馆；提供了准确的地址、联系方式、网址，中英文对照的博物馆名称以及开闭馆时间；并配有近千幅精美图片。

作为一个土生土长的南通人，我关注的是老外眼里家乡文博事业的发展情况。翻开目录，数了数，南通共有五座博物馆入选书中，分别是，南通博物苑、南通纺织博物馆、南通风筝博物馆、南通蓝印花布博物馆和南通中国珠算博物馆。这五座博物馆虽同属"南通环濠河博物馆群"中的一员，却有着各自的特点，有着不同的建设和主管部门，有着不同的资金来源渠道，有着不同的运营模式。我不禁暗暗佩服老外独到的眼光和对南通博物馆深入的了解。南通博物苑是中国第一座由国人自己创办的公共博物馆，是一家地方综合性博物馆；南通纺织博物馆是中国第一座纺织专业博物馆，这一点书中没有提及，有些小小的遗憾；南通风筝博物馆和南通蓝印花布博物馆均为民营博物馆，同是国家级非物质文化遗产——板鹞风筝制作技艺和蓝印花布印染技艺的传承、保护基地。

书中对于这两项制作技艺均有详细介绍，让从未见过风筝和蓝印花布制作的读者也能略知一二；南通中国珠算博物馆是一座国字号的博物馆，也是世界上最大的珠算专题博物馆。这五座博物馆也从另一方面反映出南通环濠河博物馆群投资形式多元化、管理渠道多元化、资金来源多元化、博物馆类型多元化的特点。各类博物馆的建成丰富了南通的城市文化内涵，提升了南通的知名度、吸引了八方游客。

作为一名博物馆工作人员，我关注的是南通博物苑留给这三位洋作者的印象。作为地方的综合性博物馆，南通博物苑拥有大量的文化宣传资源：如国家级保护建筑濠南别业及早期建筑中馆、南馆、北馆；有丰富的历史文物、革命文物、自然标本藏品；同时，苑内还建有假山、荷池、风车、水塔、亭台楼阁等园林设施；种有多种珍稀植物。2005 年新馆建成后，南通博物苑新增建筑面积 8000 平方米，室外园林面积 15000 平方米，展厅面积 3000 平方米，内设 4 个基本陈列，年引进各临时展览 18 个，有效地拓展了市民和游客的观光、旅游的空间和内容。书中除了对张謇的办馆思想、南通博物苑苑史以及基本陈列给予介绍外，还特别提到了"古树名木均一一挂牌，受到保护"、"有一椭圆形水池，内饲养水禽，其中三只纯白色的鸭子总是要跑出来，在园中摇摇摆摆地自由行走。"乍一看让我颇感意外，后来一想，三位作者常年于欧美生活、学习、工作，环境的保护意识、人与自然和谐相处的理念已悄然扎根于心中。欧美国家通常将丰富的自然资源如森林、草原、沼泽、溪流、湖泊、草地、灌木、参天大树，引入城市、引入自己的生活中，并且很少设置围墙、栏杆等设施，构成了广阔景观,各类野生动物悠然自得,人们往往不去打扰。想来在本书的作者眼里,南通博物苑所见到的一切定是与欧美相似,或是引起作者对故乡公园的怀念,于是欣然记下了南通博物苑的古树、园林和三只白胖胖的鸭子。

作为一名文博爱好者和游客,我关注的是书中透露的有关博物馆的各类信息。看完全书后我发现,该书一个重要的特点是,为了使读者对博物馆或是博物馆陈列、展品有更深、更直观的认识,作者还特意就某一问题,某一事件或是某一人物做了说明。譬如在介绍张小泉剪刀博物馆时,就介绍了中国剪刀的发展历史;在介绍宋氏陵园和孙中山故居纪念馆时,特别介绍了宋氏三姐妹和孙中山的生平事迹;在介绍云南博物馆时就提及了滇王国。诸如此类的说明、解释让读者能大概了解一个博物馆的发展脉络、所在城市的历史文化、展品背后所隐藏的故事、重要的历史事件等。在写到一些传统、民俗及手工技艺的博物馆时,作者侧重的是对非物质文化遗产项目制作技艺的介绍,由此能让读者对中国的传统文化、手工技艺的发展、传承、演变有一个初步的认识。如果在游览博物馆前读过此书并依此而游,那么此次博物馆藏品与展览之旅会大为增色、并留下深刻记忆。真心的希望此书能够成为国外友人进一步理解中国艺术、文化、社会与历史的起点;成为国人走进博物馆,感悟历史、增长见识、开启新的生活的起点;成为广大青少年主动探索与发现知识,在潜移默化中接受历史文化熏陶并享受其中乐趣的起点。

南通博物苑 2011 年上半年大事记

1 月

3 日,游客服务中心大楼主体结构封顶。

4 日,接受曹用平先生及上海知名画家捐赠的书画作品 21 件。

5 日,市文广新局纪检(监察室)领导来苑审定停车场弱电方案。

6 日,全体职工进行年度考核。上午中层干部述职,下午全体职工分两组进行述职。

10 日,副处级职员吴栋林与产业办主任葛云莉到华通大酒店,参加由市旅游局主办的"旅游热线(上海)联盟南通旅游年启动仪式暨联盟第九届年会",并在会议上作了推介发言。

20 日,游客服务中心大楼主体结构竣工验收。

21 日,上午在招标办进行游客服务中心外幕墙工程开标,共有 14 家单位投标。经评委现场评审,南通华城装饰有限公司中标。中标价为84.0262 万元。我苑党支部书记周昶、陈卫平、沈倩参加。

26 日,由江海晚报社组织的 200 名江海小记者,来我苑开展"植物是如何过冬的"主题活动。

26 日,南通市白蚁防治所到工地喷药,进行第二次白蚁防治处理。

30 日,召开 2010 年度工作总结表彰大会,会议由书记周昶主持,苑长王栋云作 2010 年度工作总结,书记周昶宣读先进部门、先进个人、年度考核优秀名单。会上,各部室负责人向苑长室递交了 2011 工作目标责任书。

31 日,对 2010 年度文物捐赠者进行新春慰问。

2 月

1 日~21 日,我苑在南通久发绿色生态园举

办"博物苑里的动物明星——南通博物苑苑藏珍稀动物标本展"。

14 日,我国外交部外事管理司司长林松添一行来我苑参观。林松添曾任中国驻赞比亚大使馆临时代办、外交部非洲司参赞、外交部大使、外交部人事司副司长、中国驻利比里亚共和国大使、中国驻马拉维共和国大使等职。

16~18 日,我市普查办组织各县(市)、区文物普查人员对本辖区第三次全国文物普查调查资料建档工作进行了一次全面自查。

22 日,藏品部钱红、陆琴、丛球山、葛莉,保卫部王述锋,办公室李宇,以及市公安局文经保处警官张军,赴江阴博物馆,将《锦心神针——苏绣与仿真绣精品文物展》所展出的刺绣类文物悉数清点包装,安全运回苑内。同时,苏州博物馆的 22 件刺绣藏品也一同撤展。

22 日,约请设计院陈列利、冯工、唐工等到现场处理大楼屋顶墙体高度以及三楼食梯周边墙体高度等问题。

23 日,由副书记陈银龙带队,副苑长曹玉星、自然部陈玲、产业办葛云莉等一行 5 人,赴海安海陵公园考察调研"百鸟生态园"项目,并到海安博物馆参观学习。

25 日,根据我苑与南通万达建筑工程有限公司签订的合同,南通万达建筑工程有限公司与分包单位南通华城装饰有限公司签订了游客服务中心外幕墙工程施工合同。

26 日,文博协会举办 2010 年年会。会上,省文物局束有春作"博物馆发展形势"讲座。

3 月

1 日,著名画家曹用平先生将其珍藏的 12 幅

参展书画捐赠给我苑。

1日～3日，副书记陈银龙带队，副苑长曹玉星、自然部陈玲、产业办葛云莉等一行5人，赴温州动物园考察调研"百鸟生态园"建设方面的工作经验。

3日，苑长王栋云主持召开了2011年度第一次学术委员会会议，专题进行2010年度科研课题的中期审查工作。

7日，濠南别业陈列的十二生肖屏风（I312）退库，待修。

下午，《吴昌硕、王个簃、曹用平师生书画联展》撤展，所陈列的文物退库，由庄素珍与王晓媛、葛莉、任苏文办理了交接手续。同时，社教部借展的两只红木镜框一并退入库中。

9日，我苑部分职工参加市文广新局组织的献血活动。

10日，我苑通过电视、网络发布消息，向社会招收30～50名"小小讲解员"，《江海晚报》对招募活动进行了跟踪报道。

11日，全国省市区党委宣传部调研工作会议代表共计约200人，在市委常委、市委宣传部部长张小平等市领导的陪同下参观我苑。

11日～14日，副书记陈银龙带队，副苑长曹玉星、自然部陈玲、产业办葛云莉等一行4人，赴北京考察调研"生态百鸟园"建设等方面的工作经验；并与意向投资方洽合作方式等具体事宜。

15日，我苑接到市委宣传部的表扬信，对我苑圆满完成全国省区市党委宣传部调研工作会议接待任务给予了表扬。

21日，由市文明办、市教育局、市文化广电新闻出版局主办，我苑承办的"走进崇川福地——南通博物苑'知南通、爱家乡'"巡讲在我苑正式启动。

22日～25日，我苑组织职工分两批赴宁波博物馆、天一阁等地参观学习。

29日，上午，苑长王栋云召集"我苑文化产品及品牌"专题会议。经研究决定，将南通博物苑苑徽图案及金奎星、魁星阁、张府茶园等品牌进行了共计12个类别的商标注册与保护。

31日，对讲解员进行第一季度的讲解考核。

4月

1日，上午，苑内中层以上干部全体去啬园扫墓。

6日，藏品部陆琴与社教部林志兰核对濠南别业陈列的文物。林志兰将现C310（秦能书七言联）退给任苏文。

6日，完成了"茶文化旅游及文化产品开发"——2011年度江苏省文化产业引导资金项目申报材料，并上报至文广新局产业处。

8日，下午，在310会议室召开"江海志愿者展示馆"租赁房屋到期的协调会。苑长王栋云、副书记陈银龙、产业办主任葛云莉，并邀约了团市委书记张军、市青年宫主任韩玉兵、团市委志工部部长许春英，商谈相关遗留问题。

11日，由常州中华恐龙园主办的"揭开恐龙的奥秘"科普讲座在我苑举行。成都理工大学教授、博物馆馆长兼恐龙研究与开发中心主任李奎给我市高校师生带来了生动的恐龙知识讲座。

12日，下午，市文广新局顾强、黄辉等，将2009年6月寄存在我苑地下库房120室中的碟片，请"和谐搬家"公司搬运离苑。藏品部王晓媛、保卫部王述峰以及苑保安陪同工作。

13日，召开"文化产业工作"专题会议，商讨逐步开发文化产品：1."张府茶园"茶叶；2."张府1905"灵芝酒、黄酒。苑长王栋云、副书记陈银龙、宝生文化公司总经理黄宝生、产业办主任葛云莉、社教部主任助理陈曦参加会议。

13日～22日，为顺利推进本年度藏品盘库工作，将203库中的D类文物搬至118库中，并将原116库中的E类文物搬回203库。工作人员有钱红、陆琴、葛莉、崔蓓蓓，保卫工作由当天的保卫负责。

19～27日，"关注鸟类，保护自然——南通博物苑'爱鸟护鸟'主题科普巡回展览"走进通州实验小学、如东掘港镇天一学校、海门市通源小学、通州赵甸小学开展科普宣传活动。现场讲解48场，举办讲座4场，共有85个班、4600人参观了展览。

20日，魁星亭维修工程开工，本年度屋面清扫等日常维修工作开始。

22日，苑长王栋云、副书记陈银龙与江苏非凡广告装潢有限公司董事长张义蓉、项目经理张冬峰讨论并商定了"游客服务中心内装修设计方案"（效果图、平面图）。

23日，为纪念鲁迅先生诞辰130周年，在第

16 个"世界读书日"之际，由市文广新局、北京鲁迅博物馆主办，我苑、市图书馆联合承办的"鲁迅的读书生活"展暨世界读书日邮票首发仪式在我苑新展馆隆重举行。展览将于 5 月 18 日（国际博物馆日）闭幕。

25 日，游客服务中心外墙装饰工程第一次内部验收。

25 日，苑长王栋云主持召开 2011 年度藏品盘库动员。会上藏品部主任钱红将盘库工作的主要精神以及工作细则作了汇报，参加会议的有全体苑领导及金锋、张炽康、王述峰、王志生、瞿剑波、陆琴、葛莉、王晓媛、任苏文。会议结束后，盘库工作正式开始。至 5 月 5 日上午，顺利盘点了历 A、B、D、E、G、H、J、K、R 等九大类藏品，共 2150 号，计 3418 件文物。

25 日，组织全体职工参加由市委宣传部、市红十字会发起的 2011 年"博爱在南通，人道万人捐"活动。

29 日，外墙装饰工程第二次内部验收。

29 日，苑召开工程领导小组会议，由苑长王栋云主持。会上对游客服务中心工程的内装、空调、消防、弱电、网络、绿化、水电、煤气等各工程专业以及停车场二期工程等进行了明确分工。

5 月

3 日，约请设计院陈列利主任及各相关专业设计人员对游客服务中心大楼工程进行预验收。

12 日，游客服务中心大楼（含土建与外墙装饰工程）竣工验收。

13 日，文物征集办公室主任金锋在 310 会议室举行翡翠专题知识学习交流讲座，全体职工参加。

17 日，由江苏省文化厅、江苏省文物局主办，我苑和苏州博物馆承办的省精品文物巡展"锦心神针——苏绣与仿真绣精品文物展"在我苑展出。

18 日，为配合国际博物馆日"博物馆与记忆"主题宣传，我苑举行了一系列庆祝活动：引进"鲁迅的读书生活"特展，与苏州博物馆联合举办的"锦心神针——苏绣和沈绣艺术展"，与社区合作举办"南通节水型社会建设成果展"宣传展，组织本苑业务人员进行文物知识讲座，设文物鉴定咨询台，为市民免费鉴定各类文物。在"鲁迅的读书

生活"展厅中，现场举办朗诵鲁迅名言的比赛活动。

18 日，藏品部主任钱红赴仪征博物馆，参加江苏省文物局主办的庆祝 518 博物馆日"江苏省精品文物巡展"启动仪式。

20 日，约请市气象局防雷检测中心黄工等 3 人对游客服务中心大楼作防雷检测，数据符合国家规定的标准。

20 日，下午，陶瓷专家李宗扬、书画专家单国强、杂项专家刘静在多功能报告厅举办了"艺术品鉴定与收藏"公益讲座。

21 日，由南通市图书馆、南通市社科联、我苑主办的"静海讲坛·核能与百姓生活"在博物苑多功能报告厅举行。该讲座由中科院上海应用物理所研究员盛康龙主讲。

26 日，江海志愿者馆交由我苑管理。

26 日，游客服务中心大楼工程交接。施工方已将钥匙（含前后门及室内所有配电箱）移交给苑。根据苑长室决定，大楼钥匙暂时由洪善庆保管。

28 日，上午，由市文广新局、市文联主办，市美术家协会、市书法家协会及我苑联合承办的"墨缘·汇观苏浙闽六家书画展"在我苑新展馆五厅展出。画展将展出至 6 月上旬，然后再到福建、浙江展出。

29 日，省文明城市复查人员分两批到我苑检查，重点查看全苑环境及未成年人教育工作。

31 日，省文明城市检查团来苑参观。

6 月

1 日，上午，"曹用平书画陈列馆"（中馆）经检查存在安全隐患，展厅内所有陈列物品全部退回库中。藏品部钱红、任苏文与社教部金艳、周克强办理了陈列中的 9 件书画和 6 本证书的退库手续。

3 日，全体职工参加在珠算博物馆召开的南通市文博协会二届一次会员代表会议。

7 日，苑内召开工程领导小组会议，由苑长王栋云主持。会上重点对停车场花坛位置以及厨房搭建等问题进行了研究，决定花坛仍保持在原人行道路牙位置；厨房还是要搭建。

10 日，保卫部组织全体职工，观看有关安全生产教育的影片。

11 日,暨我国第 6 个"文化遗产日",由国家行政学院书画研究院主办,市行政学院、市文广新局、市文联联合承办,南通产业控股集团和我苑协办的"国家行政学院书法展"于当天上午在我苑隆重开幕。开幕式后,国家行政学院副院长、研究员、博士生导师、中国书协理事周文彰在我苑学术报告厅作了"树立正确的世界观、权力观、政绩观"的专题讲座。

15 日,我苑与江苏爱德信工程项目管理有限公司订立《建设工程招标代理合同》。

16 日~21 日,苑长王栋云、藏品部主任钱红赴西安参加中国博物馆协会年会,并就我市环濠河博物馆群建设工作向国家文物局单霁翔局长作了汇报。

20 日,党支部开展革命传统教育,组织全体职工在更俗剧院观看电影《建党伟业》。

21 日,由市政协主办,市政协书画会、我苑承办的"庆祝中国共产党成立 90 周年暨纪念辛亥革命 100 周年书画展"在我苑新展馆四厅展出,共展出作品 60 余件。

21 日,由于近期连续大雨,新展馆二厅北面墙体潮湿,2 件书画退库,分别为 Lc6、27,由社教部庄素珍与藏品部王晓媛办交接手续,钱红证明。这两件藏品已安全入库。

23 日,我苑和市图书馆、少儿图书馆党支部组织党员 20 余人赴镇江市茅山新四军纪念馆,开展"缅怀之旅"特色党日活动。

29 日,停车场二期工程启动,仍由南通八建集团有限公司承建。

29 日,向省文物处提供苑外景图片及室内陈列图片、免费开放和重要活动的照片、视频文件。

29 日,对讲解员进行第二季度的讲解考核。

30 日,军山自然生态保留地物种调查工作基本完成,自然部负责完成了该地域植物资源的普查工作,绘制了植物分布图,并采集制作了一批植物标本。

30 日,自然部完成了共计五大类、49 个号、50 件今年新入藏标本藏品及参考品信息与图片输入自然标本藏品管理系统的工作。

本月,根据苑长室的安排,开始民俗文物的征集工作。截至 6 月底,共征集文物 53 件,自然标本藏品总数为 7000 件。

图书在版编目(CIP)数据

博物苑．总第 19 辑 / 王栋云，陈卫平主编．—北京：
文物出版社，2012.5
　ISBN 978-7-5010-3468-0

　Ⅰ．①博…　Ⅱ．①王…　②陈…　Ⅲ．①博物馆事来—
南通市—丛刊　Ⅳ．①G269.275.33-55

　中国版本图书馆 CIP 数据核字(2012)第 108210 号

书　　　名	博物苑(总第十九辑)
主　　　编	王栋云
执行主编	陈卫平
副主编	金　艳　徐　宁
美术编辑	张炽康
责任印制	梁秋卉
责任编辑	刘　婕
出版发行	文物出版社
	北京市东直门内北小街 2 号楼　邮编 100007
	http://www.wenwu.com
	E-mail:web@wenwu.com
印　　　刷	北京京都六环印刷厂印刷
开　　　本	889×1194　1/16
印　　　张	6.5
字　　　数	140 千字
版　　　次	2012 年 5 月第 1 版第 1 次印刷
标准书号	ISBN 978-7-5010-3468-0
定　　　价	20.00 元

投稿信箱　　bjb@ntmuseum.com